조석장 1928년 6월 20일생

ⓒ 20세기민중생활사연구단

www.minjung20.org

이 책에 실린 글과 사진의 저작권은 구술자와 20세기민중생활사연구단에 있습니다.
사전 서면 동의 없이 그 내용의 일부를 인용하거나 발췌하는 것을 금합니다.

이 책에 실린 연구성과는 한국학술진흥재단(KRF-2005-078-HL0001)의
지원으로 이루어졌습니다.

한국민중구술열전 40

조석장 趙奭章
1928년 6월 20일생

기록 장성수

20세기 **민중생활사**연구단

눈빛

장성수 張星洙

고려대에서 박사학위를 받았으며, 현재 전북대 국어국문학과의 교수로
재직 중이다. 2002년부터 현재까지 20세기민중생활사연구단의 일원으로 사라져
가는 근현대의 문화를 수집하고 기록하는 일을 해 왔다.
주요 저서로는 『한국근대작가연구』(공저), 『1950년대 소설가들』(공저)이 있고,
논문으로는 「채만식소설연구」, 「1930년대 경향소설연구」 등 다수가 있다.

한국민중구술열전 40
조석장 1928년 6월 20일생

편찬 총괄 — 박현수

초판 1쇄 발행일 — 2008년 12월 25일
발행인 — 이규상
편집인 — 안미숙
발행처 — 눈빛출판사
　　　　서울시 마포구 상암동 1653번지 이안상암 2단지 506호
　　　　전화 336-2167 팩스 324-8273
등록번호 — 제1-839호
등록일 — 1988년 11월 16일
편집 — 정계화·고성희·박보경·성윤미
출력 — DTP하우스
인쇄 — 예림인쇄
제책 — 일광문화사
값 7,500원

Published by Noonbit Publishing Co.,
Seoul, Korea
ISBN 978-89-7409-739-4

■ 한국민중구술열전을 펴내며

20세기민중생활사연구단과 '한국민중구술열전'

박현수

어느 시대에나 사람들은 자기 시대가 급변하는 시대라고 생각하였다. 그러나 20세기의 변화는 그러한 급변의 시대와 달라서 한 사람이 나고 자라서 늙는 동안에 자연의 변화를 느낄 수 있을 정도의 절대적인 변화였다. 이토록 현기증 나는 사회·문화 변화의 속도는 우리들로 하여금 '20세기민중생활사연구단'의 깃발을 내세우고 그 아래 모이게 하였다. 나날이 사라져 가는 가까운 옛날의 일상을 서둘러 기록하고 해석하여 민중생활사를 중심으로 새로운 역사를 구축하기 위한 자료를 집성하기 위함이었다. 소멸과 망각의 위기에 대처하여 지난 백 년의 민중생활 자료를 살려내고 이를 전산화하여 누구나 이용할 수 있게 하자는 것이었다. 우리 이웃의 일상생활을 중심으로 새로운 역사를 구성하면 역사는 민주화되고 한국 인문학은 새로운 바탕 위에서 새롭게 출발할 수 있을 것이 아닌가. 2002년에 조직된 우리 연구단의 목적은 여기에 있다.

우리가 걸어온 가까운 옛날을 잃어버린다면 우리는 그보다 조금 더 오래된 옛날과 분리되어 버린다. 풍경은 근경에서 원경으로 연속적으로 전개되어야 완벽한 풍경이 되듯이 시간의 풍경도 원근법을 갖추어야 한다. 시간의 깊이가 보이지 않는 풍경은 촬영장 세트처럼 우리를 어지럽게 만든다. 가까운 옛날의 역사를 상실하면 의식의 필름도 끊기는 것이다.

가까운 시대의 역사 중에서도 친숙한 생활의 역사가 제 위치를 차지해야 한다. 가까운 시대와 이웃의 생활사를 원근법에 맞춰 살려내는 것은 역사에 기록을 남기지 못한, 역사 없는 사람들의 역사를 복권시켜 역사를 민주화하는 일이다.

문헌자료를 최고의 사료로 평가하는 역사학은 그 자료의 성격과 한계 때문에 가까운 이웃의 일상적 생활사에 접근하기 어렵다. 한국 고고학은 산업화와 개발을 위한 치다꺼리에 바빠 그런 이웃의 과거에 관심을 보이지 못하였다. 이제 새로운 주제에 대한 총체적 접근을 위해서는 새로운 자료들에 착안해야 한다.

기성 학문체계를 바탕으로 하는 학문의 울타리는 이러한 접근에 도움을 주기 어렵다. 그 울타리를 허물고 20세기민중생활사연구단에 모여든 백여 명의 연구자들은 이제껏 소외되어 온 역사학의 이른바 보조사료(補助史料)들을 중시하여 재평가하게 되었다. 거대한 경관으로부터 조그만 부엌 살림살이나 어린이 장난감에 이르는 생활의 물증(物證), 앨범에 간직된 개인적 사진, 각종 서류, 이제껏 사료로서 이용되지 못한 문학작품 또 기록영화나 극영화 자료 등이 유기적으로 동원되어야 한다.

특히 중요한 것은 형태가 없는 이야기들이다. 한 사람의 가슴과 머릿속의 이야기도 몇 권의 책으로 엮을 만큼 귀중하고 풍부하다. 그러나 아무도 들어줄 사람 없고, 아무에게도 들려주지 못하고 세상을 뜨게 되는 것이 보통 사람들의 이야기다. 민중의 이야기는 역사 없는 사람들의 역사를 구성하는 기본 자료일 뿐 아니라 가장 풍부한 자료인 것이다.

흔히 역사 없는 사람이 살아온 이야기는 '생애사(生涯史)'라 불러 역사에 이름을 남길 만한 사람의 '전기(傳記)'와 구별한다. 문자 기록이 적거나 없는 집단의 역사는 에트노히스토리(ethnohistory)라 하여 문헌자료를 바탕으로 하는 '진짜' 역사, 히스토리와 구별한다. 이런 자기 문화 중심주의를 지양하지 않고서 한 걸음 나아간 역사 서술을 기대한다는 것은 어불성설이다. 문자 자료가 없는 사람들의 구술을 바탕으로 전기를 기록하는 작업은 구술자와 연구자의 대화다. 역사 서술의 주체와 객체를 통합하거나 아니면 적어도 접근시키는 일은 새로운 역사의 기본 조건이다.

역사는 항상 새로 써야 한다지만 역사를 한 번 쓰고 버릴 일회용품으로 생각하는 것은 역사허무주의에 다름 아니다. 희랍어 '히스토리아'는 원래 이야기를 뜻하다가 나중에 과거지사(過去之事)까지 뜻하게 되었다. 독일어 '게쉬히테'는 원래 과거지사를 가리키다가 나중에 이야기도 뜻하게 되었다. 같은 말로 표현되더라도 과거지사 자체와 이에 대한 이야기나 담론(談論)은 구별되어야 한다.

그렇다면 무엇이 중요할까. 고대 중국에서도 '술이부작(述而不作)'이라 하여 지어낸 이야기보다 사실 기록을 중시하였다. 사라져 가는 20세기 민중생활의 역사에 대하여 그럴듯한 담론을 전개하는 것보다 생활의 역사에 관한 사실을 찾아내어 이를 기록해 내는 일이 절실함은 당연하다. 마지막 잎새처럼 아슬아슬하게 남아 있는 민중의 일상 모습을 기록하는 일은 지금 아니면 도저히 할 수 없다. 그것은 이 시대의 시민인 우리가 하지 않으면 안 되는 일이다. 이는 역사를 남기지 못한 채 세계적으로 가장 어려운 시대를 살았던 사람들에 대한 최소한의 예절이며, 자라날 후손에게 뿌리를 보여주는 최소한의 배려다.

이러한 작업은 그 작업 과정 자체가 중요한 구실을 한다. 자기의 일생을 이야기하여 시대를 증언하는 사람과 이 이야기를 듣고 받아내는 연구자가 마주앉는 것은 개인의 역사를 사회의 역사 속으로 또 사회의 역사를 개인의 역사에 편입시키는 일이다. 이러한 과정에서 이야기를 펼치는 노인들은 커다란 심리적 만족을 숨기지 않는다.

본 연구단은 새로운 자료들을 '디지털' 방식으로 정리하면서 전통적 방식으로 사진전을 열고 사진집을 인쇄하여 간행해 오고 있다. 2005년 여름에는 이십여 명의 구술자료로 '20세기 한국민중의 구술자서전'이라는 큰 제목 아래 6권의 책을 엮어 낸 바 있다. 이어서 한 사람의 이야기를 한 권의 책으로 펴내는 '한국민중구술열전'을 계속하여 간행해 오고 있다. 앞으로 계속 간행해야 될 이 총서를 무엇이라고 불러야 될지 활발한 논의 끝에 '한국민중구술열전'이라는 총서명이 결정되었다. 후보 제목으로 올랐던 것에는 '우리 곁의 위인' '민중이 이야기하는 어제와 오늘' '이웃이 이야기하는 우리 시대' '이웃들은 어떻게 살아왔는가' '위인전' '대비(對比)열전' '대비구술열전' '진짜 위인전' '평범한 사람을 찬양하자' 등이 있었다. 이들 모두가 본 연구단의 지향점과 이 총서의 실체를 잘 보여준다.

이제껏 눈길을 제대로 받지 못한 가까운 이웃과 옛날의 생활 모습을 총체적으로 기록, 해석하고 또 온 국민이 이용할 자료집성을 구축함으로써 빈사의 한국 인문학을 구출하겠다는 연구단의 야심찬 계획은 이제 외로운 작업이라 할 수 없다. 한국학술진흥재단의 적극적 지원을 얻게 되었기 때문이다. 이 재단을 통하여 우리는 국민의 지원을 받고 있는 것이다. 우리의 작업을 도와주는 모든 이웃에게 감사의 말씀을 드리지 않을 수 없다. 〈20세기민중생활사연구단장·영남대학교 문화인류학과 교수〉

韓國民衆口述列傳 40

차례

한국민중구술열전을 펴내며 ·· 5
서문 ·· 13

머리말 ·· 15
1. 나의 어려웠던 유년 청소년 시절 ·· 17
2. 인생 지각생 희망이 비치다 ·· 61
3. 회고록에서 못 다한 이야기 ·· 105
후기 ·· 135

가계도 ·· 137
연보 ·· 138

서문

장성수

전주의 한 지방지에 「자서전을 씁시다」라는 칼럼을 게재한 적이 있다.

그 동안 우리는 역사에 이름을 남길 만한 위대한 사람들이나 자서전을 남기는 것이라는 잘못된 생각을 해왔다. 그러나 여기서 말하는 자서전이란 이른바 잘난 사람들에 의해 씌어지는 자화자찬 일색의 찬양록이나 회고록과는 분명히 구별되는 민중들의 그것을 말함이었다. 세계사에서도 유례없는 격변의 시대를 살아온 한국 민중들의 고단한 나날의 삶 자체가 이미 역사로 기록될 가치를 지니고 있는 것이다. 일제시대, 6·25전쟁 등등으로 이어지는 크고 작은 사건들 속에서 한국의 민중들은 어떤 형태로든 상처를 입을 수밖에 없었다. 이제는 할아버지 할머니가 된 그들의 마음 속 깊이 넣어둔 삶의 응어리들은, 그것이 자서전으로 복원되는 한, 한국 근대 생활사 자료의 귀중한 보고가 된다.

많은 분들의 호응이 있기를 바랐지만, 단 한 분께서 자서전을 써보겠다고 연락을 해왔다. 그분이 조석장 어른이었다.

조석장은 1928년(戊辰年) 8월 6일(음력 6월 20일) 전북 김제군 김제읍 서암리(全北金堤君金堤邑西菴里) 66번지 구수골에서 아버지 한양 조씨 상우(庠祐)와 어머니 김제 조씨 순복(順福) 사이의 3대 독자로 태어났다. 그가 태어난 곳은 20여 가구의 전형적인 농촌 마을이었다. 그는 젊은 나이에 청상이 된 할머니 밑에서 아버지와 함께 어린 시절을 보냈다. 어머니와는 생이별한 채로 살았다. 할머니와 사이가 좋지 않았기 때문이었다. 그의 아버지는 선비풍의 용모를 지닌 사람으로 농사일에는 무관심한 분이었다.

아홉 살이 되어 김제중앙보통학교(지금 김제중앙초등학교)에 입학하였다. 혼자 힘겹게 농사일을 도맡아 하던 할머니는 생활난을 해결하기 위해 가산을 정리하여 김제 역 앞 목욕탕을 인수하여 운영하게 된다. 국민학교를 졸업한 후 목욕탕 일을 도와주던 중, 17세에 취직을 시켜준다는 말에 속아 전북 무주군에 있는 근로 보국대로 끌려간다. 1944년 10월 초순경의 일이었다. 이후 해방이 될 때까지 함경북도 아오지에 있는 탄광으로 가 강제 노동에 시달린다. 단 한 푼의 임금도 받지 못한 채 노예와도 같은 생활을 겪어야 했다.

그는 해방이 되고 나서도 여러 곡절을 겪은 후 10월 중순경에야 고향으로 돌아온다. 돌아와 보니 아버지가 사망했고, 할머니가 운영하던 목욕탕은 빚이 늘어 다른 사람에게 넘어가 있었다. 먹고 살 길이 막연하여 쌀을 받아 용산역으로 가 되파는 쌀장수를 하기도 하다가, 김제 읍사무소의 급사로 일하게 된다. 때마침 김제에 김제 중학원이 세워져 야간부에 입학한다. 주경야독의 생활을 열심히 한 결과 호적계의 서기로 채용된다. 일제 때 행해진 창씨개명을 본래의 이름으로, 일본 연호를 단기로 되돌리는 작업에 주로 종사한다. 서기 직을 그만 둔 후, 친척과 주위 어른들의 도움으로 학업을 계속한다. 이리농림중학교 4학년에 재학 중 6·25가 일어난다. 동란 중 1951년 7월에 어머니가 45세로 먼저 돌아가시고 한 달 후에는 할머니가 71세로 이승을 하직한다. 혈혈단신이 된 그는 휴전 후 신태인에서 양조장을 경영하던 작은 고모님의 도움으로 술 배달이나 수금 장부를 정리하는 일을 하는 한편 학업을 이어간다. 이리(현재 익산시)에 있던 전북대학교 농과대학에서 농업경제학을 전공했다. 몇 차례의 취직 시험에서 낙방하고 놀고 있던 중, 국민학교 교사로 재직하고 있던 송경희와 결혼을 한다. 직업도 없고 혈혈단신이며 재산도 없는 그가 결혼할 수 있었던 것은 대학 출신이라는 것 하나 때문이었다. 결혼 후 생활이 다소 안정된 그는 산림조합 기사 시험에 합격하여 정읍·고창·부안 산림조합에 근무하며 녹화사업에 힘썼다. 이후 정읍에 소재한 배영중학교 농업 교사로 채용되어 근무하다가, 재단 이사장의 신임을 얻어 서무과장으로 일하게 된다.

1995년 정년퇴임한 그는 현재 정읍에서 부인과 행복한 여생을 보내고 있다. 서예에 재능이 있었던 할아버지의 소질을 이어받아 뒤늦게 취미로 시작한 그의 서예 실력은 여러 차례 수상할 정도로 뛰어나다.

조석장 어르신이 직접 집필한 자서전을 원문을 다치지 않는 범위 내에서 잘못된 문장이나 문맥을 바로 잡았다. 자서전에서 못 다한 말은 구술을 통해 정리해서 별도의 장, 제 3편에 실었다. 이 책을 계기로 더 많은 민중자서전이 나오길 기대한다.

머리말

하늘과 땅은 쉬지 않고 움직인다.

세월은 유수와 같이 흘러 어느덧 내 나이 벌써 팔십이다. 옛 당나라 시인 두보(杜甫)는 인생칠십고래희(人生七十古來稀)라고 읊었다.

그러나 팔십 평생 별로 하는 일이나 사회적으로 크게 남겨 놓은 일도 없이 세월은 빠르게 흘렀으니 참으로 어이가 없다. 지난날 내가 살아온 인생 여정이 길다면 길고 짧다면 짧은 연륜이지만, 이를 되돌아보면 험한 산을 넘고 망망한 바다를 건너 왔다는 생각이 든다. 참으로 희로애락으로 얼룩진 인생살이였다.

어렸을 때 나는 집안이 몹시 가난하여 갖은 고생을 하며 성장하였다. 내 나이 스물네 살에 이르러 아버지, 어머니, 할머니가 모두 세상을 떠나시고 가족 없는 독신이 되었다. 나는 앞으로 살아갈 일을 생각할 때 참으로 앞날이 암담하고 막막하였다. 옛말에 젊어서 고생은 사서라도 한다는 말과 같이 좌절하지 않고 노력하면 무엇인가 좋은 결과가 있겠지 하는 한 가닥 희망을 갖고 꿋꿋하게 산다는 것이 내 인생 철학이요 내가 오늘에까지 사는 보람이었다.

지금까지 뚜렷하게 화려한 인생을 살지는 못했으나 내가 걸어왔던 이 평범한 인생이 후손들에게 조금이나마 보탬이 되지 않을까 하는 바람에서 사실대로 생각나는 대로 내 삶의 역정을 적어보았다.

이제 내 인생도 얼마 남지 않아 마지막으로 인생을 정리하는 뜻에서 이 기록을 남겼으나 나는 문학인도 문장가도 아니어서 부족함이 많을 줄 안다. 이 책에 쓴 내용도 충분한 기록이나 자료를 준비하지 못하고 기억에 의존하는 경우가 많아서 흠이 많을 줄 안다. 부족하더라도 너그러운 마음으로 이해하여 주시기 바란다.

이 회고록을 쓰는 데 도와주신 최명희문학관 관장 장성수 교수님과 '20세기민중생활사연구단' 관계자 여러분들에게 깊은 감사를 드린다.

2007년

구수(九水) 趙奭章

1. 나의 어려웠던 유년 청소년 시절

10촌뻘 되는 친척 결혼식 기념사진. 윗줄 오른쪽에서 두 번째가 할머니. 일제강점기, 김제 신사에서.

가계(家系)와 출생

나는 일제가 우리나라를 강점하고 있던 1928년(戊辰年) 8월 6일(음력 6월 20일) 전북 김제군 김제읍 서암리(全北金堤郡金堤邑西菴里) 66번지 구수동 마을의 작은 초가지붕 아래서 아버지 한양 조씨 상우(庠祐)와 어머니 김제 조씨 순복(順福) 사이의 삼대독자 아들로 태어났다.

내가 태어난 곳은 쌀농사 밭농사만을 생계 수단으로 살아가는 이십여 가구의 농촌 마을이었다. 당시 우리 집은 안채와 옆채로 나뉘어져 있는데, 안채는 삼간 초가집으로 큰방, 작은방, 부엌 한 칸에 자그마한 앞마루가 있었다. 옆채에는 변소와 거름으로 쓰일 재를 넣는 잿간이 있었으며, 옆 칸에는 농사지을 때 사용하는 농기구들을 보관하는 헛간이 있었다. 안채와 옆채 사이에는 돼지막사가 있어 돼지 한 마리를 기른 기억이 난다. 조그마한 마당이 있었고, 마당 앞쪽에는 백여 평 되는 밭이 있어 고추, 깨, 감자, 배추 등 여러 가지 농작물을 심었다. 밭농사를 짓는 한편 집 울타리에는 호박을 심었다. 옆 마을 주변에 몇 마지기 논이 있어 벼농사를 짓고 자급자족하면서 참으로 어렵게 살았다.

나는 그 동네에서 할머니와 아버지하고 같이 살면서 자랐다. 할아버지는 서른한 살 젊은 나이에 일남 이녀를 두고 일찍 세상을 떠나셨다고 한다. 할머니는 청춘과부가 되어 어려운 가정형편에 외롭게 살면서 아들딸들을 키워 장가 보내고 시집을 보냈다.

나의 가계(家系)는 한양 조씨(漢陽趙氏)로 고려조말(高麗朝末) 조순대부(朝順大夫) 첨의중서사(僉議中書事)의 벼슬(從一品)을 역임하신

지(之)자 수(壽)자를 시조로 모신 자손이며 조선조(朝鮮朝) 초기에 개국공신(開國功臣)이며 일등공신으로 이조판서(吏曹判書)를 역임하고 한산부원군(漢山府院君)에 봉군(封君)된 조인옥(趙仁沃) 충정공(忠靖公) 사자(四子) 판사공파(判事公派) 이십구 세손(世孫)이다.

나의 증조부(曾祖父)는 한양 조씨 이십육 세(世)로 남(楠)자 흠(欽)자로 증조모님은 밀양 손씨(密陽 孫氏)이다.

나의 조부(祖父)는 한양 조씨 이십칠 세(世)로 준(晙)자 기(紀)자로 조모님은 진주 김씨(晉州 金氏) 렬(烈)자 숙(淑)자이며 손자인 나를 어머니 대신 키워 주신 분이다.

나의 부친은 한양 조씨 이십팔 세(世)로 상(庠)자 우(祐)자이고 모친은 김제 조씨(金堤 趙氏)로 순(順)자 복(福)자이시다.

나의 어린 시절

할머니는 사교적이고 활발한 성격으로 부지런한 분이었다. 어려운 살림을 혼자 꾸려 가야 할 처지였기 때문에 늘 동분서주하지 않으면 안 되었다. 집 앞에 있는 밭농사는 직접 지었고 돼지도 길렀다. 힘에 부치는 논농사는 인부를 사서 경작하였다. 한편 손재봉틀 한 대를 마련하여 삯바느질을 하기도 했다. 생계에 도움이 되는 일이라면 무슨 일이고 마다하지 않았다. 그러므로 한시도 쉴 시간이 별로 없이 바쁜 나날을 보내야 하는 신세였다. 할머니는 집안일에 시달리고 마음이 괴로우면 장독대 위에 정화수를 떠놓고 두 손으로 빌며 액운은 물러가고 행운이 오기를 정성으로 기도하셨다. 그때에는 샘물터가 마을 위쪽과 아래쪽 두 곳이 있었는데 우리 집에서 약 100여 미터 거리에 있는 위쪽 샘물터를 사용하였다. 먹을 물이나 집에서 쓸 물을 길어올 때, 남자들은 물지게에 양쪽 물통을 걸고 운반하였으며, 여자들은 양쪽에 손잡이가 있는 사기그릇 물통에 담아 머리 위에 얹어 운반하였다. 의복 빨랫감은 샘물터 주변에서 세탁하였는데 할머니는 이런 일까지 도맡아 하셨다. 할머니는 힘겨운 환경 속에서도 손자인 나를 사랑하며 길러 주셨다.

젊어서 세상을 뜨신 할아버지는 특히 붓글씨를 잘 썼다고 한다. 당시 우리 집에는 할아버지가 생전에 붓글씨로 쓴 많은 이야기책이 있었다. 춘향전, 심청전, 흥부와 놀부전, 장화홍련전 등 여러 권이 있었는데 가끔 저녁이 되면 할머니께서는 마을 할머니 친구들을 모아놓고 이 책들을 읽어 주었다. 희미한 등잔불 아래서 이야기책을 읽어 주면 친구 분들은 들으면서 웃고 즐기는 모습을 여러 차례 보았다. 학교도 다니지 않은 할머니가 이처럼 한글을 잘 읽을 수 있었던 것은 할아버지로부터 배운 것도 있지만, 머리가 영리해서 그런 것이 아닌가 생각된다.

31살 젊은 나이에 돌아가신 할아버지는 독자였다. 나의 아버지도 역시 독자였다. 할머니께서는 2대 독자인 나의 아버지를 어려운 살림을 꾸려가면서도 애지중지 키운 것 같다. 나에게는 고모가 되는 딸 둘을 두었으나, 특히 아버지에게 정성을 다한 모양이다.

내가 철이 들어 본 아버지는 늘 깨끗한 상하 한복에 조끼까지 입고 양말에 구두를 신은 모습이었다. 지금 말하자면 선비풍의 섬세한 용모를 지니신 분으로 기억된다. 아버지는 밭농사나 논농사와 같은 집안일에는 관심이 없었다. 할머니 혼자서 집안 살림을 도맡아 하셨다. 가장이 살림에 오불관언하니 집안에는 늘 어두운 그림자가 지워질 날이 없었고 생활은 점점 어려워만 갔다. 사정이 이런데도 아버지는 한가롭게 마을 친구와 읍내로 놀러 다니시곤 하였다. 그러나 아버지 성품은 본래 선량한 분으로 기억한다. 담배는 조금 했지만 술은 드시지 못했다. 남과 사소한 일로 다투거나 이웃 친구와 마을 사람들에게 피해를 끼치는 행동은 하지 않는 분이었다.

아버지는 농사일에는 무관심했지만 남다른 재주가 있었다. 특히 손재주가 뛰어났는데 대나무로 퉁소를 만들거나 물고기를 잡는 가래를 잘 만들었다. 대나무를 산에서 해다가 곱게 손질하여 퉁소를 만들어 그걸 직접 불기도 하였다. 손가락을 뗐다 붙였다 하면서 입으로는 음을 조절해 가며 불면 깊은 음색을 냈다. 아버지가 부는 아름다운 퉁소 소리에 동네 사람들은 감탄하곤 했다. 아버지는 동네 뒷산에 올라가 퉁소를 불기도 하였는데 온 동네 사람들이 그 소리를 들을 수 있었.

또한 아버지는 물고기 잡는 가래도 손수 제작하기도 하였다. 마을 뒤쪽에 저수지가 있는데 매년 모내기를 할 때면 농수로 사용할 수 있도록 수문을 열어 놓는다. 저수지 물이 빠져 나갔을 때 아버지는 만든 가래를 이용하여 물고기를 잡기도 했다. 아버지를 따라 가서 고기를 잡던 기억이 지금도 가끔 생각난다. 그뿐 아니라 아버지는 투전(投錢)놀이를 대단히 즐겨하시어 집에서도 혼자 투전놀이를 하시는 것을 자주 본 적이 있다. 이처럼 아버지는 농사일이나 집안일에는 별 관심이 없이 취미생활에 주로 시간을 보내셨다.

언젠가 할머니께서는 나에게 과거의 어려웠던 일을 말해 주신 적이 있다.

"네 할아버지가 젊은 나이에 일찍 돌아가신 후 앞으로 살아갈 일이 막연했다. 슬픔과 외로움을 이기지 못하고 자살하기로 결심했다. 이웃 마을 옆에 있는 우리 논 근처에 농업용수로 쓰이는 조그마한 저수지에 가서 투신자살하려고 맘을 먹었다. 앞치마 끝을 양손에 잡고 올려 얼굴을 가리는 순간 저수지물이 새파란 물결로 변하여 공포심이 생겨 투신자살을 하지 못하고 집에 돌아왔다"는 이야기를 듣고 나는 어린 나이에 눈물을 흘린 일이 있다.

속담에 인생고해라는 말이 있다. 할머니의 삶이 이 속담에 딱 들어맞는 경우가 아닌가 한다.

할머니는 이렇게 어려운 가운데 나를 사랑으로 키워 주셨다. 나는 일곱 살이 될 때까지 나에겐 어머니가 안 계신 줄 알고 지냈다. 그런데 어머니가 다른 곳에서 별거 생활을 하고 계신다는 사실을 알게 되었다. 김제역전에서 큰 정미소를 운영하는 먼 친척 되는 조기선(趙紀宣) 씨 할아버지 댁에서 한복 바느질을 하면서 가정 일을 도와드리고 생활하고 계신다는 것이었다. 어머니의 가출 이유가 확실치는 않지만 지금 돌이켜보면 할머니는 활발하고 부지런한 성격인데 어머니는 내성적이고 말이 별로 없는 성격이라 고부간 사이에 화합이 잘 이루어지지 않았다는 것이 주된 이유가 아닌가 한다. 거기에다 남편마저도 밭, 논 농사 등 가정 살림살이에 무관심하고 일정한 직업도 없이 놀고 있으니

어머니(맨 왼쪽)와 어머니 친척들. 일제시대.

장래성도 없고 희망도 보이지 않으므로 가출하여 남의 집 살림을 한 것이 아닌가 한다.

여덟 살이 될 때까지 나는 어머니의 얼굴을 본 적이 없다. 어머니도 한 번도 나를 찾지 않으셨다. 한때 어머니에 대해 참으로 무심한 분이라는 생각도 했지만 한편으론 그럴 수밖에 없었으리라는 생각도 든다. 어릴 적 어머니의 사랑을 받지 못한 채 불행하게 성장한 존재라는 생각을 한 적이 있다.

그러나 할머니의 사랑과 정성으로 성장하였다는 것을 생각하면 지금도 할머니의 그 은혜를 잊을 수가 없고, 이것이 나의 운명이라고 생각한다.

보통학교에 입학

가정 형편상 서당을 다니면서 천자문, 명심보감 등 한문 공부를 하지 못한 나는 1936년 우리나라 나이로 아홉 살이 되어 김제중앙보통학교(현재 김제중앙초등학교)에 입학하였다. 지금은 의무교육이어서 일곱 살(만여섯 살)에 초등학교에 입학하지만 그때는 의무교육제도가 아니어서 형편 닿는 사람이라야 학교에 갈 수 있는 때였다. 한 학년이 모두 합하여 단 두 학급으로 나는 일학년 일반이었다. 우리 학급 반에는 남자와 여자 반반씩 혼합 반이었다. 그런데 학생들 나이가 보통 아홉 살~열한 살이었다. 남자 학생 중 김완산(金完山)이란 학생은 정확한 나이는 잘 모르겠으나 또래들 보다 많은 편으로 재학 중 결혼을 하여 화제가 되었다. 그가 우리 학급의 급장으로 임명되었다. 운동장 조회 시간이 되면 우리 학급을 남학생 여학생 두 줄로 세워 김완산 급장이 앞에 나와 차렷 쉬어 구령을 하며 정리했다. 이렇게 전 학년이 정렬이 되면 조회를 하였다. 나는 키가 작고 체구도 작은 편이어서 맨 앞줄에 서게 되었고, 교실에서도 앞줄 책상에 앉게 되었다. 담임선생님은 교실에서 수업하다가 때로는 운동장에 집합시켜 급장 인솔 하에 학교를 한 바퀴 돌게 했다. 담임선생님이 학생들과 같이 뛰면서 학교, 교실, 운동장 등 일본어로 명칭을 말하면 우리들은 따라서 하며 일본말을 배우기도 하였다. 집에서 학교까지의 거리는 약 이 킬로 정도였지만 어린 당시로는 먼 거리로 느꼈으며 작은 소나무 앞산을 지나 밭 논 사이로 좁은 도로를 걸어서 통학을 하였다.

1938년에 학교 명칭이 김제중앙심상소학교로, 1941년에는 김제중앙국민학교로 교명이 바뀌었다. 우리 마을에서 학교에 다니는 학생 수는 학년 당 한 명~두 명 정도여서 선후배라야 불과 몇 명이었다.

나의 학교 성적은 수석권에는 들지 못하고 상위권에 따라 가려고 노력하는 상태였다. 매년 소위 애국일을 정하여 전교생이 성산(城山)에 있는 김제신사(神社)로 가 참배한 기억도 난다. 이 성산은 봄에 벚꽃이 만개하면 경치가 아름다워 많은 사람이 구경하고 놀고 가는 김제공원 지대였다.

학교에 입학 후 나에게 꿈과 같은 일이 생겼다. 일학년 때 전 학년 합동운동회가 열린 날이었다. 점심시간이 되어 점심식사를 하기 위해 운동장 한편에 기다리고 있는 할머니를 찾아갔다. 그런데 낯설은 사람 두어 분이 같이 있었는데 그중에 한 분을 할머니가 나에게 소개했다.

그러면서 할머니는 "너의 어머니다. 인사드려라" 하셨다. 엉겁결에 인사를 하고 난 나는 가슴이 두근거리기 시작했다. 내 생전에 처음으로 어머니를 뜻밖에 만나니 천지개벽이라도 된 것 같았다. 형언할 수 없는 마음에 머리를 수그린 채 어머니 얼굴을 제대로 바라볼 수가 없었다. 잠시 후에 어머니가 정성껏 잘 만들어온 점심을 먹었지만 두근거리는 마음을 진정할 수가 없었다. 내성적인 내 성격 탓으로 나는 어머니와 말 한마디 나누지 못하고 다시 헤어졌다. 점심시간이 끝나고 다시 운동회가 계속되었지만 반가움과 아쉬움이 교차하는 들뜬 마음으로 인해 시간이 어떻게 가는지 느낄 수가 없었다. 꿈결처럼 지나간 운동회였다.

3학년 때 우리 담임선생은 일본인이었다. 고오시라는 여자 선생님으로서 조선어 시간에는 수업을 하지 못했다. 대신 조한백(趙漢栢) 선생이 와서 조선어를 가르치고 일본인 고오시 여선생은 조한백 선생 담임 학급에 가서 오르간을 치면서 음악을 가르치며 교체 수업을 하였다. 1940년 오학년 때 조선어 과목 시간이 폐지되어 조선어는 더 이상 배울 수 없었고, 일본어를 국어 상용으로 배우게 되었다.

또한 우리나라 학생들에게 일본 정신을 주입하기 위하여 황국신민(皇國臣民)의 서사(誓詞)라는 것을 만들어 '국체명징(國體明徵), 내선일체(內鮮一體), 인고단련(忍苦鍛鍊)'의 3대 강령을 일본어로 수시로 외우게 하였다.

조한백 선생님은 매년 학교 운동회 때 선생님들 전원 경주 달리기에서 항시 일등을 하여 학생들로부터 인기가 제일 높았다. 조한백 선생님은 8·15해방 후 제헌국회의원에 출마하여 당선되어 많은 공적을 남기신 분이다.

육학년 때 담임선생은 일본인 가다야마(片山國一) 선생으로 나이도 사십 세가 넘어 보이고 학생에게 사소한 잘못이 있으면 엄격하게 처벌하는 분으로 학생들이 두려워하였다. 한번은 수업을 하면서 일본어로 말하기를 "중국은 잠자고 있는 사자(支那は 眠ってる 獅子)"라고 한 기억이 남아 있다. 그 당시 만주사변을 계기로 일본 군국주의자들이 중국에 대해 노예화 정책을 가속하고 있는 때에 일본인으로서 할 수 없는 말이었다. 어떤 뜻에서 그런 말을 하였는지 당시로서는 이해가 되지 않았다. 지금 생각하여 보면 가다야마 선생은 먼 앞날을 내다볼 수 있는 판단력이 풍부한 인물이었다고 느껴진다. 왜냐하면 잠에서 깨어난 사자, 중국은 동남아 여러 나라를 좌우하는 강국으로 발전하고 있는 것을 볼 때 선견지명이 있는 분으로 해석할 수도 있기 때문이다.

졸업 기념 수학여행은 경성부(京城府, 서울시)로 갔다. 나는 할머니의 도움으로 다행히 기쁜 마음으로 갈 수가 있게 되었다. 첫번째로 간 곳은 광화문에 있는 조선총독부(朝鮮總督府)였다. 1910년~1945년까지 삼십육 년간 일본이 우리나라를 지배한 통치기관의 총본산이었다. 그곳을 견학한 우리들은 남산(南山)에 올라가 서울시를 한눈에 관람하고 이어 조선신궁(朝鮮神宮)에 들려 참배했다. 중앙방송국과 신문사 등을 견학한 후, 그 당시 서울에서 제일 크다는 화신백화점을 들려 김제에서는 보지도 못한 여러 가지 물건을 몇 차례 돌아다니며 구경했다. 시골과는 달리 화려한 서울을 보며 멋모르고 즐거워했던 기억이 남아 있다.

나는 아홉 살에 김제중앙보통학교에 입학하여 1942년 열다섯 살에 국민학교 육년의 과정을 마치고 졸업을 하였다. 우리 학급 동창생 십여 명은 상급학교에 진학하였으나 나는 가정 형편상 진학을 포기해야 했다. 우리 마을에서는 국민학교 선후배 오륙 명이 같이 통학을 하였으나 상급학교로 진학한 친구는 한 명도 없었으니 우리 마을이 아주 심한 빈촌이었다는 것이 증명되는 셈이다.

공중목욕탕 운영

나는 국민학교를 졸업하고 할머니 일을 도와드리며 그냥 집에서 놀고 있었다. 몇 달 후 우리 집 살림살이에 큰 변동이 발생하였다. 할머니와 아버지가 상의해서 합의가 있었는지 할머니 단독으로 결심하였는지는 잘 모르겠지만, 초가집과 논밭 등 전 재산을 모두 팔아서 처분하고 신풍리(新豊里) 김제역전에 있는 일본인이 운영하던 공중목욕탕 집을 매수하여 이사하기로 되었다고 한다. 1942년 가을경이었다. 나는 철이 없는 때라 가산을 처분하는 것도 몰랐고, 얼마에 팔고 샀는지 또 누가 소개하였으며 이사 가는 목적이 무엇인지 전혀 몰랐다. 다만 어느 날 할머니께서 이사를 간다 하기에 따라갔을 뿐이다.

우리가 이사 간 공중목욕탕 집은 일본식으로 건축한 이층 건물이었다. 일층은 양쪽으로 두 칸인데 좌측은 여자 탈의실과 목욕탕이 있고, 우측은 남자 탈의실과 목욕탕이 있었다. 이층에는 양쪽으로 거실 두 개가 있었는데 다다미(일본식 돗자리)가 깔려 있었다. 일본인 주인 가족이 거처한 모양이었다. 집은 건축한 지가 몇 해 되지 않은 듯 깨끗한 상태였다. 목욕탕 뒤편에는 깊은 우물 샘이 있었는데, 그 물을 전기로 양수하여 약 2미터 높이의 물탱크에 저장했다. 그러면 물탱크에서 자동으로 목욕탕으로 물이 들어가는 구조였다. 목욕탕 아래로는 탕과 연결된 철재 부엌이 있었다. 그곳에서 소나무 장작을 때서 목욕탕 물을 덥혔다. 물의 온도 조절은 아침, 저녁 수시로 목욕탕을 출입하면서 해야 했다. 종업원 한 사람을 따로 고용하여 이를 관리하게 했다. 목욕탕 뒤쪽엔 종업원이 근무하는 동안 쉬는 부엌이 딸린 길쭉한 방이 있었다. 그 옆으로는 연료로 사용하는 소나무 장작을 산더미같이 쌓아 두는 곳이 넓게 자리 잡고 있었다.

우리 목욕탕 집은 김제역에서 김제경찰서까지 거의 직선으로 아스팔트로 포장되어 있어 김제역과 김제경찰서가 마주 보였다. 이곳 목욕탕도 할머니가 주관하여 운영하였는데 이용객들은 우리나라 사람과 일본인들이 골고루 섞여 있었다. 할머니가 남녀 탕 출입구 중앙 좌석에 앉아서 목욕요금을 받았다. 저녁이 되어 영업이 끝나면 종업원이 탕 내·외부를 깨끗이 청소했다. 사용한 물을 빼내고 물을 새로이 넣어 내일의 영업을 준비했다. 이 일이 끝나고 나서야 자기 집으로 퇴근했다.

아버지는 이곳에 와서도 별로 도와주는 일 없이 깨끗한 한복 차림으로 한가히 놀러 다니는 형편이었다. 대신 내가 할머니의 심부름을 주로 맡아 하였다. 이곳에 이사 와서는 부근에 친구들이 많이 생겨 일하는 틈틈이 같이 놀기도 하였다. 또한 이리농림학교와 이리공업학교

(익산시)에 진학하여 김제역에서 기차 통학하는 국민학교 동기 선후배들도 자주 만나게 되었다. 목욕탕을 이삼 개월 운영하여 보니 목욕손님이 별로 없어 수지타산이 맞지 않아 어려워지므로 할머니께서는 인건비를 줄이기 위하여 관리종업원을 해임시키고 나에게 그 일을 맡기셨다. 한가히 놀고 있던 아버지가 그 일을 해야 마땅한데 목욕탕 일을 별로 도와주지도 않을뿐더러 목욕탕 운영에도 무관심한 편이었으므로 어린 나에게 그 일이 주어졌던 것 같다. 그러니 할머니와 어린 나는 일거리가 많아서 바쁜 생활을 하게 되었다. 나는 그때 운영이 잘되지 않아 전 일본인 주인이 내놓은 것을 할머니께서는 자세히 알아보지도 않고 덜컥 인수를 한 것이 아닌가 생각을 했다.

전국적으로 알려진 호남평야 중 김제 지평선평야는 벼 농산물이 대량 생산되는 곳으로 유명하다. 쌀 벼를 저장하는 큰 농업창고가 곳곳에 많이 있었고, 대규모 정미소도 여러 곳이 있었다. 그런데 어느 날인가 나의 친구 몇 명이 찾아와 잠깐 놀러가자고 하기에 철없이 할머니 몰래 목욕탕 뒤편 가까운 농업창고 부근으로 갔다. 그곳에서 숨바꼭질을 하였는데 창고 문밖 작업장 빈자리에도 벼 가마니가 높이 쌓여 있었다. 나는 그 가마니 더미 위로 올라가 숨어 있다가 벼 가마니가 갑자기 무너지는 바람에 굴러 떨어졌다. 그러면서 내 왼쪽 다리 무릎 아래 장딴지를 벼 가마니에 치어 버렸다. 심한 통증으로 일어날 수가 없어 친구에게 업힌 채 우리 목욕탕 앞에 있는 신풍의원으로 가 입원을 했다. 진찰을 받았는데 왼쪽 다리 무릎 아래 중간의 뼈가 골절되었다는 것이다. 다행히 근육과 피부에 파열상은 없어 출혈은 없었다. 응급조

치로 왼쪽 다리 무릎 아래에 뼈 길이만큼의 틀을 대고 탈지면과 붕대로 고정하고 나서 퇴원하였다. 그후 완치될 때까지 약 두 달간은 앉지도 걷지도 못하고 집에 누워서 고생을 많이 하였다. 그동안 적절한 치료를 받지 않고 방치해 두었더니 상처 부위에 이도 생기고 골절된 뼈가 무릎 아래로 쳐져 통증이 무척 심했다. 할머니와 아버지께서 뒤늦게 병원에 가서 의사와 상의하였으나 치료 시기를 놓쳐 어쩔 수 없다고 했다. 이후 부상당한 다리는 성한 다리보다 가는 기형이 되었다. 철부지의 뜻하지 않은 과실로 그렇잖아도 경영난에 시달리고 있는 할머니와 아버지의 심려를 끼쳐드린 것이 지금 생각해도 후회된다. 지금은 무릎 관절염으로 고생하고 있는데, 그 시절 다리를 다친 후유증이 평생 지속되는 게 아닌가 의심이 간다.

나의 불행한 아오지 탄광 생활

일본의 아시아 침략의 야욕은 그칠 줄을 몰라 1931년 만주사변을 일으켰다. 일본은 이른바 만주국(滿洲國)이라는 괴뢰정부를 세운 후 다시 북중국으로 진출하기 시작했다. 1937년 7월 노구교(蘆構橋)에서 중국과 충돌, 중일전쟁(中日戰爭)을 도발하였으며 일제는 여기에 만족치 않고 1940년에는 창씨개명(創氏改名)을 명하여 일본식 이름을 따르게 하였다. 1941년 12월 8일 진주만을 기습하고 미영 연합국에 선전포고하여 태평양전쟁을 일으켰다. 일본은 전쟁을 일으키면서 우리나라를 대륙침략의 병참기지로 삼았다.

일제의 전시동원은 정신적 사상적 방면에만 국한하지 않고 인적 물적 동원에도 미쳤으니, 1937년에는 육군지원병제를 실시하여 한국청년을 전쟁터로 보냈고, 근로보국대를 조직하여 군사시설 중공업 탄광 공사판에 강제 동원하였다. 1943년에 이르러서는 징병제(徵兵制) 학병제(學兵制)를 실시하여 드디어 우리나라의 젊은이들을 모조리 침략 전쟁의 구덩이로 몰아넣었다.

한국의 미혼 여성들은 정신대(挺身隊)로 일본의 각 군수공장으로 끌려가고 심지어 그들의 군대를 위안하는 위안부 역할을 하도록 강요당하였다.

일제 말기에는 각 가정의 금속기물까지 강제로 공출케 하였다. 그리고 식량을 비롯한 온갖 물자를 통제하여 배급제로 하고 물심양면에 걸친 희생을 강요, 조선을 완전히 전쟁의 병참기지로 만들었다. 따라서 우리나라의 전통이나 국민의 의사는 완전히 무시되고 오로지 절대 복종만이 요구되었다.

이러한 일제 강점 하 시국에 1944년 10월 초순경 우리 공중목욕탕은 손님이 없어 경영난이 더욱 심해졌다. 우리 집 살림은 이런 불경기로 더욱 어렵게 되었다. 그 즈음, 그전에 우리 옆 마을에 살 때부터 할머니와 알고 지내는 한 남자분이 찾아와 나를 좋은 직장에 취업시켜 준다는 말을 했다. 국민학교를 졸업하고 놀고 있던 나는 할머니의 동의를 받고 그 사람을 따라가게 되었다. 당시 나는 열일곱 살에 불과한 미성년자였다. 내가 간 곳은 전북 무주군에 위치한 '근로보국대'라는 강제 동원 집합장소였다. 나는 그곳에 수용되어 관계 직원의 감시를 받으며 하룻밤을 유숙하게 되었다. 어린 나를 좋은 직장에 취업시켜 준다고 김제에서 무주까지 데리고 간 그 남자가 그 당시 신분이 무엇인지 지금도 궁금하다. 그후로는 그 남자의 소식을 듣지 못했으며 만나보지도 못하였기 때문이다. 다리도 성치 않고 미성년자인 나를 그곳에 데리고 간 그 남자가 참으로 비인간적인 사람이었다는 생각이 든다.

다음 날 아침 나는 끌려온 다른 사람 십여 명과 함께 트럭에 태워져 충북 영동역에 도착했다. 거기에서 열차를 타고 서울역으로 갔다. 서울역에서 다시 열차를 갈아타고 어디론가 이동을 하게 되었다. 아마도 북행 열차인 듯했는데 나중에 알아보니 함경도 방면으로 가는 기차였다. 끌려가는 사람 중에 몇 사람은 원산 함흥 근처에서 하차 이탈 도주하기도 했다. 마침내 우리 일행은 함경북도 경흥군 아오지읍 용연동(咸鏡北道 阿吾地邑 龍淵洞)에 있는 '아오지 탄광업소'에 도착하였다.

우리는 아오지 탄광 사무소에서 배급한 회색 작업복 작업모 작업신발을 착용하고 네다섯 명 씩 옆으로 서서 가슴에 큰 번호표를 붙이고 사진을 찍었다. 이 사진은 아마도 우리가 탄광을 탈출 도주하였을 때 체포 자료로 사용하기 위한 것이 아닌가 한다. 그 다음 우리는 숙소를 배정받았다. 유말금(柳末金), 송봉학(宋奉學), 국중렬(鞠重烈), 임병선(林丙善) 조석장(趙奭章, 본인) 다섯 명이 같은 숙소에서 지내게 되었다. 우리의 합숙 생활은 1945년 8월 15일 해방 후 고향으로 귀향할 때까지 이어졌다.

다음 날부터 우리들은 바로 지하 탄광에 투입되었다. 등불이 달린 작업모를 쓰고 탄을 캐는 삽을 들고 지하 탄광 터널로 들어갔다. 탄갱(炭坑) 채탄부로서 우리 합숙 동료 다섯 사람은 매일 지정한 책임량의 석탄을 캐서 운반 석탄차에 싣는 작업을 하였다. 우리에게 주어진 채탄 책임량이 많아 일찍 끝내지 못하고 하루 종일 열두 시간 이상 노동을 해야 했다. 다음 작업반이 들어온 다음에야 겨우 교대하고 기진맥진하여 숙소에 돌아오곤 하였다. 일요일이나 공휴일도 쉼이 없이 연중무휴였다. 나는 어린 나이에 노동 경험도 없었을뿐더러 키나 체구도 작아 탄 삽 하나 들기에도 힘이 부쳤다. 무리한 노동에 건강이 나빠져 갔다. 건강이 극도로 나빠진 나는 고향 생각이 나 눈물로 세월을 보내야 했다.

탄광에서의 식사는 배급제였다. 콩깻묵이나 잡곡밥에 반찬으로는 시래기 김치 또는 시래기 국이 전부였다. 고기나 생선은 한 번도 먹어 보지 못하였다. 그런 식생활을 몇 달간 하던 중 마을에서 어떤 분이 돼지를 밀살하여 돼지고기를 판다는 소식을 들었다. 합숙 동료들은 서로 상의하여 돼지고기 두서너 근과 소주를 구입하여 모처럼 마시고 먹고 하였다. 그런데 술과 고기를 오래간만에 먹은 탓인지 설사와 구토 그리고 복통으로 앓아눕게 되었다. 작업장에 나가지 못하고 숙소에서 쉬고 있는데 탄광사무소의 일본인 직원이 찾아와 강제로 작업장으로 끌고 가서 일을 한 적도 있었다. 이런 노예와 같은 생활 속에서도 우리 합숙동료들은 마음속으로 서로 존경하고 서로 의지하며 생활하였다. 동료 가운데 유말금 씨는 삼십대 중반 되는 연장자로 우리의 모든 일을 주관하여 처리해 주었다. 우리는 그를 형님처럼 따르며 한가족처럼 지냈다.

아오지 탄광촌의 주거 시설로는 여러 채의 합숙소와 탄광사무소가 있을 뿐이었다. 점포나 공중목욕탕 등 생활 편의시설이 전무하였다. 그곳에서 일하는 동안 목욕탕에 가 몸을 제대로 씻은 적이 없다. 탄광 합숙소에서 약 3-4킬로 거리에 있는 회암동 시내를 가면 일본인들도 많이 거주해서 공장이나 점포, 공중목욕탕이 있다고 했다. 그러나 이곳에서 회암동 시내로 가서 그 시설을 이용하기란 여간 어렵지 않았다. 특히 탄광 지방의 겨울은 보통 추위가 아니어서 그곳까지 걸어가 목욕을 하기란 쉽지 않았다. 더욱이 지하 갱도에서 오랜 시간 작업을 하고 숙소에 오면 피곤에 지쳐 대충 식사를 마치고는 모자라는 잠을 자야 했기 때문에 목욕하러 갈 엄두를 내지 못했다. 그뿐만이 아니었다. 지하 탄광작업을 하니 작업복이 불결하기 짝이 없었다. 그런데도 단 한 벌밖에 배급해 주지를 않으니 세탁도 해 입을 수 없었고 찢어지거나 헤지면 꿰매 입을 수밖에 없었다. 작업복에 이가 기생하는 바람에 몸이 가려워 견디기 힘들었다. 살충제도 없었으므로 우리는 밤마다 이를 잡는 일로 밤잠을 설치기 일쑤였다. 모닥불을 피워 놓고 그 위로 옷을 들고 있으면 이들이 툭툭 불길 위로 떨어져 죽어가는 소리가 들릴 정도였다. 작업화 사정도 마찬가지였다. 과중한 노동으로 작업화가 쉽게 떨어졌는데 대신 짚신을 배급해 줘 한 겨울에도 이것을 신고 작업을 하였다. 지금 생각해 보면 내 생전에 그렇게 많은 짚신을 신어 본 적이 없는 것 같다.

이곳에서 탄광부로 일하는 동안 바깥세상이 어떻게 돌아가는지 전혀 모르고 살았다. 신문도 읽을 수 없었고, 라디오도 들을 수 없었다. 심지어 날짜가 어떻게 되는지도 모른 채 지냈다. 암흑세계와 다를 게 없었다. 고향의 가족들에게 편지를 보내도 답장이 오지 않았다. 나중에 알고 보니 가족들도 여러 번 답장을 했다고 했다. 중간에 사무소에서 일일이 편지를 검열하여 폐기처분한 것이었다. 사무소에서는 우리가 일한 임금도 가족에게 보내준다고 말했다. 이 말도 거짓이었다. 어디로 끌려갔는지 소식도 모르는 터에 가족들에게 임금을 보내줄 리가 만무했다. 돈 한 푼도 받지 못한 채 강제 노동에 시달리는 노예가 바로 우리들이었다. 해방이 되고 집에 돌아와 생각하니 지옥과도 같은 나날이었다.

8·15 해방과 소련군 진주

1945년 8월 9일, 소련군이 북한으로 진격하여 온 날로 생각된다. 아오지 탄광 지역 부근 이곳저곳에서 갑자기 폭발음 소리가 요란하게 들려왔다. 주민들 모두가 뜻밖의 일을 당하여 우왕좌왕 어쩔 줄을 몰라했다. 나도 가슴이 두근거리며 마음을 진정할 수가 없었다. 소련군이 진격하면서 일본군의 요새지를 폭격한 것으로 생각되었다. 이런 상황에서 주민 전체에게 비상집합 지시가 내려졌다. 한곳에 모인 주민들에게 부근 산속에 약 열흘간 피란 갔다가 돌아오라는 명령이 내려졌다.

우리는 유말금 씨를 비롯해 합숙 동료 다섯은 같이 피란을 가기로 했다. 우리 일행은 배급 받은 열흘간의 식량과 식기 침구 등을 준비하여 탄광 근처 이름도 모르는 산속으로 가기로 했다. 몇 시간을 걸어서 들어가 적당한 장소를 골라 자리를 정리했다. 나뭇가지를 잘라 깔아 잠자리를 마련하였다. 그러나 적적한 산속에서 지내자니 하루하루 불안한 마음을 떨칠 수가 없었다. 한 일주일 정도 지나면서 준비해 왔던 식량이 다 떨어졌다. 근처 산 밑에 감자밭이 있어 감자를 캐어 삶아 먹기도 했으나 그것도 떨어져 하산하기로 했다. 식량난을 더 이상 해결할 수 없어서 우리 일행은 회암동 시내 식량배급소를 찾아가 쌀을 얻어 가지고 아오지 탄광 합숙소로 다시 돌아가기로 하였다.

회암동 시내로 들어가는 큰 도로는 주민들이 피란을 간 때문인지 텅 비어 있었다. 오고가는 사람들이 별로 없는 고요한 도로를 우리 숙소 동료들만 걸어가고 있었다. 그때 갑자기 도로 저 쪽에서 우리 일행이 있는 쪽으로 머리카락을 풀어헤친 채 몸에 실오라기 하나 걸지 않은 젊은 여자가 달려왔다. 우리 일행은 깜짝 놀라서 가던 길을 멈추었다. 우리들 곁으로 다가온 그 젊은 여자를 보니 정신이 나간 듯했다. 마침 옆을 지나던 한 여자분이 그녀에게 자신의 치마를 벗어 입혔다. 그리곤 그녀를 진정시키고 자초지종을 물어보았다. 그녀가 말하기를, 회암동 시내는 지금 불량배 청년 몇 명이 일본군 무기창고에서 일본군이 퇴각하면서 버리고 간 총을 가지고 나와 시내를 장악하고 있다는 것이었다. 그들이 젊은 여자를 만나기만 하면 붙잡아 옷을 벗겨 나체로 수용하여 강간하고 짓밟고 있다는 것이었다. 아수라장 속에서 자기는 불량배 청년들의 감시가 소홀한 틈을 타서 구사일생으로 도망쳐 왔다는 것이었다. 이 말을 듣고는 우리는 공포심이 생겨 회암동 시내 배급소 가는 일을 포기하기로 했다. 우리들은 불량배 청년을 만나면 무슨 일을 당하지 몰라 아오지 탄광 합숙소로 다시 돌아가기로 하였다.

숙소가 있는 마을에 돌아와 보니 피란 갔던 일부 주민은 벌써 마을에 돌아와 있었다. 또한 마을 주민의 말에 의하면 일본군 부대와 일본인들은 이곳에서 철수 후퇴하였다고 했다. 이러한 상황에서 우리 합숙 동료들은 여전히 식량문제로 걱정이 태산 같았다. 그때 숙소 주인이 마을 식량배급소 주인과 친분이 있어 비밀리에 쌀 한 가마니를 인수하여 보관하고 있으니 안심하라는 말을 했다. 그 말을 들은 우리들은 하느님이 도와주신 은혜라 생각하며 기쁜 마음 금할 수가 없었다.

우리는 잡곡밥 신세를 면하고 매일 쌀밥을 먹게 되었다. 지하탄광에 들어가 채탄작업도 하지 않고 편안히 쉬면서 남쪽 고향으로 갈 기회만 엿보고 있었다. 귀향의 꿈에 부풀어 지내던 어느 날, 아오지역에서 우리 마을 쪽으로 일본군인지 소련군인지 알 수 없는 군인을 실은 군용트럭 몇 대가 마을 근처로 와 정차했다. 차에서 내린 군인들은 합숙소 마을로 다가왔다. 우리 동료 일행은 급하게 마을 뒷산으로 도주하여 은신했다. 숨어서 군인들의 동향을 엿보고 있었는데 그들은 마을사람들을 해치려고 온 것이 아니라 주민들과 대화하러 온 것 같았다. 우리는 안심하고 다시 산을 내려와 마을로 다시 내려왔다. 마을에 가보니 그들은 소련군들이었다. 소련군 대표가 주민들에게 말을 하면 한국인 통역관이 한국말로 전달해 주었다. 소련군이 말한 내용은 8월 9일 소련군이 북한으로 들어오고 8월 15일 일본군이 연합군에 무조건 항복하여 우리나라가 일제의 침략에서 해방되었다는 것이었다. 이제 곧 철도 운행도 다시 시작되고 식량 배급도 많이 해주며 폭격으로 파손된 발전소도 수리하여 전기를 사용할 수 있도록 해준다는 것이었다. 한마디로 말하면 살기 좋은 세상으로 만들겠다는 선전의 말이었다.

그런데도 그들의 선전과는 달리 마을 분위기는 어수선했다. 우리는 무언지 모를 공포 속에서 불안하게 지내야 했다. 아오지 지방에 처음 진주한 소련군 선발대는 군복차림부터 지저분하고 성격이 거칠었기 때문이었다. 그들은 밤낮 없이 젊은 여자만 보면 총부리를 대고 여럿이 몰려와 닥치는 대로 끌고 가 윤간한다는 소문이 나돌았다. 그래서 젊은 여자들은 그들을 피해 은신하여야 했다.

그들의 만행에 대해 어느 누구에게도 감히 이런 실상을 호소할 수 없었다. 그들은 또한 자기 마음에 드는 물건이 있으면 탈취해 갔다. 특히 그들은 손목시계와 만년필을 좋아하여 손목시계를 두세 개 씩 차고 다니는 것을 내 눈으로 똑똑히 보았다.

무질서한 나날이 며칠 지난 후, 이차로 이 지역에 진주한 소련군은 종전과는 달랐다. 군복차림도 단정하고 규칙적이고 질서 있는 행동을 했다. 한국인 통역관을 통하여 소련군의 폭행과 비행이 있을 때 신고를 하면 철저히 단속한다는 것이었다. 민간에게 피해를 입히는 모든 불법행위를 단속하고 금지시켰다. 이때부터 마을은 조금씩 질서가 잡혀갔다. 차차 편안한 마음으로 주민들이 생활할 수가 있는 분위기가 조성되어 갔다.

이런 가운데 우리 합숙 동료들은 하루 빨리 고향으로 돌아갈 마음에 들떠 하루하루를 보내고 있었는데 열차 운행이 아직도 시작되지 않았다는 것이었다. 열차 운행이 재개되기를 고대하고 있던 어느 날 아침, 마을에 진주하고 있던 소련군이 이 마을에 거주하는 남자들은 한 사람도 빠짐없이 집합하라는 지시를 내렸다. 한국인 통역관을 통해 지금 바로 열흘간의 식량과 침구 그리고 삽이나 괭이 한 자루씩 가지고 나와 집합하라고 전달해왔다. 만약에 이곳에 나오지 않는 남자가 있어 순찰 중인 소련군에 발각되었을 때는 총살하겠다는 위협적인 명령이었다. 이 말을 듣고 우리 합숙 동료들은 모든 준비를 하여 같이 집합장소에 모였다. 긴장된 분위기였다. 집합이 끝나자 서너 줄로 정렬하여 가는 곳도 모른 채 소련군을 따라가게 되었다. 가는 도중 각 지역에서 집합한 남자들과 합세하여 동행을 하게 되었는데 총인원수가 수백 명이 되었다. 정확히 몇 명인지 인원수를 알 수는 없었지만 행렬의 길이가 장사진을 이루었다. 소련군은 20~30미터씩 간격을 두고 행렬 앞에 집총 자세로 감시하면서 우리를 인솔하였다. 인솔하는 소련군 가운데는 간간이 여군의 모습도 눈에 띄었다. 여군을 보기는 처음이어서 매우 신기하였다. 소련군은 여군들도 전방에서 전투를 하는지 궁금하였다. 그러나 나중에 생각해 보니 소련 여군은 전방에서 적과 싸우는 전투병이 아니고 후방에서 부상병을 간호하는 간호병인 듯했다.

우리 행렬은 하루 종일 쉬지 않고 소련군을 따라 걸어갔다. 피곤하기 이루 말할 수 없었다. 해가 넘어가고 저녁이 되었는데도 식사할 시간을 주지 않고 강행군이었다. 점심도 거른 채 걷기만 하였으니 기진맥진 죽을 지경이었다. 우리 일행은 배가 너무 고파 마침 도로변에 있는 배추밭에서 배추를 뽑아 겉잎은 버리고 속잎을 씹어 먹으면서 허기를 달랬다. 우리는 밤새도록 걸은 끝에 새벽 무렵 되어서야 목적지에 도착하였다. 그곳은 야산으로 이루어진 지역이었는데 도로변에 접한 야산에는 일정한 간격을 두고 일본 군인들이 생활하던 병사(兵舍)

가 늘어져 있었다. 퇴각하기 전 일본인 병사들이 경비를 서며 취침하던 곳인 듯했다. 본채는 땅속 지하에 있고 회색으로 된 지붕은 지상으로 드러나 있는 구조로 건축되어 있었다. 우리 합숙소 동료 일행은 다행스럽게 같은 병사를 사용하도록 배정되었다. 배정된 병사에서 가져온 소지품을 대충 정리하고 나니 동이 터왔다. 잠도 자지 못하고 배도 고파 피곤하기 이를 데 없었다. 우리는 급히 근처 산으로 가 흐르는 물에 쌀을 씻고 불을 피워 밥을 지어 먹었다. 허기진 상태에서 먹으니 식곤증이 밀려와 더욱 피곤함을 느꼈다. 몸이 천근만근인데 우리 담당 소련군인이 총부리를 대고 알아듣지 못하는 말로 소리치면서 집합하라고 했다. 우리들은 도로에 집합하여 소련 군인을 따라 가면서 도로변에 표적 나무기둥을 세웠다. 그곳을 기점으로 소련군인이 도보로 걸어서 거리를 측정하여 일정한 도로 길이를 정하면 파손된 도로를 확장하고 매립하며 보수 정비작업을 했다. 한 구간에 약 이십여 명씩 동원되어 소련군인의 감시 하에 도로 정비작업을 계속하였다. 점심시간 외에는 휴식 시간도 없는 강행군이었다. 해가 지평선을 넘어가 어둑어둑해지면 그날 작업이 끝나고 취침병사로 돌아왔다.

그 다음 날도 역시 해 뜨기 전부터 소련 군인은 총부리를 앞세워 소리치며 우리를 집합시켰다. 전날과 같은 강제노역이 반복되었다. 이곳이 정확히 어디인지는 몰랐으나 아마도 중국(만주)과 소련의 극동지방의 군사무역의 근거지인 블라디보스톡, 그리고 두만강을 국경으로 접경하고 있는 북한 경계 군사도로가 아닌가 하는 생각이 들었다.

말로는 표현할 수 없는 고단한 하루하루를 보낸 끝에 열흘간 동원작업을 끝마쳤다. 다행히 그들은 연장 작업을 시키지 않고 며칠간이나마 쉬게 해주었다. 그들은 약속대로 해산하여 집으로 돌아가도록 하였다. 우리 동료 일행은 초행길이라 행인들에게 길을 물어물어 가며 무사히 아오지 탄광 숙소로 다시 돌아오게 되었다.

일제하 아오지 탄광에서 채탄부로 강제노역을 한 것도 억울한데 8·15해방이 되어서도 설상가상으로 북한에 진주한 소련군에 강제로 끌려가 힘겨운 도로 정비 작업까지 하게 되니 참으로 기구한 운명이라는 생각이 들었다.

38선을 넘어 귀향길

세월이 흘러 9월 상순경이었다. 우리 동료 일행은 하루 빨리 남한 고향으로 가고 싶어 열차 운행이 시작되었는지 알아보기 위해 아오지역으로 갔다. 아직도 열차 운행이 중단 상태에 있었다. 우리는 열차 운행이 시작되면 열차를 타고 가기로 하고 조급한 마음으로 기다리고 있었다. 지루한 나날을 보내던 어느 날, 우리는 회암동 시내를 처음으로 구경을 갔다. 공장지대라 그런지 공장, 상점, 주택 등이 복잡하게 자리 잡고 있었다. 특히 일본인이 살던 주택이나 가구 등이 누군가에 의해 모두 파괴되어 있는 것이 눈에 띄었다. 그야말로 아수라장이었다. 일제하 일본인들에게 고역을 겪은 사람들이 분풀이로 한 것이 아닌가 생각하면서 돌아왔다.

어언 며칠이 지났다. 우리에게는 참으로 기나긴 세월처럼 느껴졌다. 어느 날 아오지역에서 열차 기적 소리가 울렸다. 우리들은 환성을 지르며 기뻐하였다. 고향으로 갈 준비를 하고 아오지역으로 달려갔다. 그러나 운행되는 열차는 여객을 위한 것이 아니었다. 소련군인과 군수물자를 실어 나르고자 부정기적으로 운행되는 열차였다. 소련군에 의하여 통제되어 우리 일반 사람들은 승차할 수가 없었다. 우리의 실망감은 이만저만이 아니었다. 일반인들이 승차할 수 있는 열차 운행을 차일피일 기다려 보았으나 가망이 없었다.

더 이상 기다릴 수 없어 우리는 9월 하순경 도보로 삼팔선을 넘어 고향으로 출발하기로 했다. 가진 돈이 별로 없었던 우리는 노숙하면서 밥을 해 먹기도 하고 이집 저집 민가에 들러 걸식도 하면서 부지런히 걸었다. 처음으로 도착한 곳은 나남이었는데 기차 역사가 폭파되어 잔해만 남아 있었다. 일제시대에 나남은 군사도시로 알려져 있었다. 시가도로가 가로 세로 직선으로 잘 정비되어 있는 도시로 기억된다. 다음에 도착한 곳은 청진이었다. 이곳에 도착하여 청진부두와 공업지대를 걸어서 돌아본 다음 적당한 자리를 찾아 노숙을 하였다. 이렇게 며칠간 우리는 남쪽을 향해 걸었다. 해가 지면 노숙하고 날이 밝으면 걷고 하여 함흥에 도착하였다. 함흥은 함경남도 도청 소재지요 이조 초기 함흥차사의 유래지로 유명한 곳이다. 또한 남단에 동양 굴지의 홍남 질소 비료공장도 있는 곳이다. 함흥역에서도 노숙을 하였다. 다음에는 원산을 향하여 가는데 남하하는 수많은 피란민들이 늘어나 동행하게 되었다. 원산에 도착하여 보니 원산역도 폭격을 받아 파괴되어 있었다. 여기에서 인상적인 장면을 목격하였다. 원산까지 오면서 한 번도 만나 보지 못한 일본인들을 집단으로 볼 수가 있었다. 원산역 광장 한쪽에 새끼줄로 경계를 정하여 일본인 백여 명을 수용하고 소련군이 경비 감시하고 있었다. 패전국 일본인들의 옷차림은 지저분하기 짝이 없었다. 비참한 모습이 가련하였다. 한 나라가 전쟁에서 패배하면 어떻게 되는가를 나는 분명히 보았다. 그후 수용된 일본인들은 어떻게 처리되었는지 모르겠다.

다음에는 평강, 철원을 거쳐 연천까지 도착하였으나 소련군이 8월 22일 원산에 상륙하고 같은 날 평양에 진주하였고, 8월 28일 북위 38도선을 설정하였다고 했다. 이 삼팔선을 넘어 남한으로 가기는 쉬운 일이 아니었다. 삼팔선 임진강 다리에 도착하였는데 북쪽은 소련군, 남쪽은 미군이 대치 경계 감시하고 있었다. 소련군이 이남으로 가는 많은 귀향 피란민들의 통행을 막고 있었다. 우리 일행은 소련군의 감시를 피해 상류로 걸어가서 나룻배를 이용하여 강을 건넜다. 삼팔선 이남으로 넘어와서는 단숨에 동두천을 거쳐 서울에 도착하였다.

아오지를 떠나 서울까지 오는 데 이십 여일이 걸렸다. 서울에는 중국(만주) 또는 북한에서 내려오는 귀향민을 수용하는 피란민수용소가 있었다. 그곳에서 주먹밥을 주어서 먹고 하룻밤을 잤다. 다음 날 피란민 수용소에서는 귀향 피란민들을 특별대우하여 먼저 열차에 승차하도록 하여 좌석까지 배정해 주었다. 일반 승객들은 좌석이 모자라 열차 지붕 위에까지 승차하는 이들도 있었다. 무주가 고향인 동료 일행이 먼저 대전에서 내렸다. 막상 동고동락하던 동료와 헤어지려니 섭섭한 마음 금할 수 없었다. 홀로 남은 나는 호남선 열차로 갈아타고 그리던 고향, 김제로 귀향하였다. 이때가 10월 중순경으로 해방된 지 두 달

만이었다.

무거운 짐을 지고 고달팠던 시절

김제 고향을 떠난 지 약 일 년 만에 김제로 귀향하였다. 8·15 조국광복으로 나라 안이 온통 환희와 기쁨으로 가득 찬 분위기였다. 나는 할머니와 아버지를 뵙기 위하여 공중목욕탕 집으로 달려갔다. 그런데 할머니는 목욕탕 집을 처분하고 가마니조합 뒤 마을로 이사 갔다고 한다. 물어물어 찾아가 초라한 초가집에 살고 계시는 할머니와 상봉하였다. 할머니께서는 내 두 손목을 붙들고 반가워하셨다. 나는 눈물이 나 잠시 동안 인사말을 하지 못하였다. 잠시 후 할머니께서는 목욕탕 집을 처분하게 된 경위를 나에게 들려주었다. 아버지한테 생각하지 못한 의외의 빚이 있어 어쩔 수 없이 목욕탕 집을 매각처분하여 갚을 수밖에 없었다고 했다. 할머니는 이어 아버지께서 1945년 6월 2일(음력 4월 22일) 사십일 세로 세상을 떠나셨다는 충격적인 소식도 들려주었다. 그때 내 나이, 십팔 세로 비통한 마음을 억제할 수 없었다. 앞으로 살아갈 일이 막막하였다.

목욕탕 집을 처분하고 난 할머니는 하루하루 생계를 걱정하는 어려운 형편에 놓여 있었다. 내가 무슨 일이라도 해서 할머니를 봉양해야겠다는 생각이 들었다. 마침 옆방 아저씨가 쌀을 가져다 서울 용산 시장에 가서 팔면 이익이 많이 생긴다고 말해 주었다. 나는 쌀을 서너 말사 가지고 아저씨를 따라 김제역으로 갔다. 기차 안은 승객들로 가득 차 있어서 발 디딜 틈도 없을 정도였다. 몸도 움직이지 못하고 서서 가는 형편에 쌀 보따리까지 있으니 고생이 이만저만이 아니었다. 드디어 용산역에 도착했다. 역전에 쌀 보따리를 내려놓으니 다행히 쌀을 사는 사람들이 있어 약간의 이익을 얻고 집으로 돌아올 수 있었다. 그후에도 몇 차례 쌀 보따리 장사를 하여 생계에 보태 쓰게 되었다.

이렇게 힘겹게 살아가고 있던 어느 날, 김제 읍사무소 직원으로 있는 한 마을 옆집에 사는 분이 읍사무소 급사(給使) 자리가 비어 있는데 일할 용의가 있느냐고 물었다. 나는 그분을 따라가 부읍장과 면담을 한 다음 채용되었다. 1945년 연말경이었다. 다음 날 출근하여 조영(趙永) 읍장실에 들어가 인사를 하고 조인성(趙仁誠) 부읍장 이하 전 직원에게 인사를 하였다. 당시 고용인직으로는 급사와 소사(小使)가 있었다. 급사는 실내 청소와 잔심부름을 하며, 소사는 실외 청소와 잔심부름을 하게 되어 있었다. 나는 급사로 채용되었다. 그 당시 읍사무소에는 급사가 나 한 사람뿐이고 소사는 두 분이 있었다. 그러므로 나는 직원들이 출근하기 전에 일찍 사무소에 가서 읍장실부터 사무실까지 청소하고 책상과 의자를 걸레로 닦고 직원들의 잔심부름을 했다. 이것이 나의 임무이며 일과는 매일 되풀이되었다. 나는 이것을 천직으로 알고 수개월 동안 묵묵히 근무했다. 박봉이지만 생활비에 약간의 도움이 되었다.

급사로 일하는 한편, 김제역전 한 농업창고를 보수하여 세운 김제중학원(金堤中學院) 야간부 제 일학년에 입학하여 못했던 공부를 계속하기로 하였다. 낮에는 읍사무소에서 근무하고 밤에는 중학원에 가서 공부하는 바쁜 일과를 보냈다. 마침 그 당시 김제 읍사무소 내에 김제읍 호적협회가 설립되었다. 나는 다행히도 호적협회 서기로 채용되어 급사직을 그만두고 호적계의 말석에서 근무하게 되었다. 호적협회의 주업무는 호적부의 일제하 창씨개명(創氏改名)한 이름을 조선 성명 복구령에 따라 원래 이름으로 되돌리는 일과 생년월일의 명치(明治), 대정(大正), 소화(昭和) 연호를 단기년호(檀紀年號)로 개정하는 일이었다. 나는 매일 출근하여 호적 개정 작업을 하였다. 단순한 작업이었지만 업무량이 워낙 방대하여 업무량이 줄어드는지도 모를 정도로 힘이 들고 피곤하였다. 호적계장의 주관 하에 그의 지시를 받고 개정 작업을 했다. 때에 따라서는 계장의 보조 역할을 하기도 했다. 힘들고 피곤했지만 나는 매일 아침 일찍 사무소에 출근하여 게으름을 부리지 않고 정성을 다해 열심히 근무를 계속하였다.

늦은 중학교 생활

호적협회에 근무하면서 야간 공부를 계속하던 나는 늦게나마 정식 주간 공부를 하는 것이 앞으로 희망이 있고 출세할 수 있는 길이 열리겠다는 생각이 들었다. 나는 마음의 온갖 갈등을 끊고 공부에 주안점을 두기로 결심했다. 나는 할머니와 우리가 살던 초가집 주인의 할아버지 댁에서 일하던 어머니와도 이 문제에 대해 상의했다. 할머니와 어머니도 같이 내가 주간의 정식 공부를 하라고 허락해 주었다.

나는 다음 날 근무하던 호적협회의 서기직에서 물러나기로 작정하고 사표를 제출하였다. 김제중학원 야간부 2학년에 다니던 나는 정읍 농업중학교 2학년으로 전학을 하였다. 임시로 창고를 빌려 교육하던 김제중학원에 비해 정읍농업중학교가 교육 환경이 훨씬 좋았기 때문이었다. 어머니하고 지면이 있는 분의 소개로 정읍 장명리 박씨 댁을 소개받아 거처를 정했다. 그 집은 기와집으로 안채와 행랑채로 이루어져 있었다. 삼남 이녀의 자녀를 둔 집으로 가정형편도 꽤 부유한 것 같았다. 어머니가 그 집에서 한복 바느질과 가사를 돕는 대가로 나는 행랑채를 얻어 생활하게 되었다. 나는 열심히 공부하면서 편안히 학교에 다닐 수 있었다. 학교에 처음 가서는 동급생들이 낯설어 서먹서먹하였으나 날이 갈수록 친해져서 많은 친구가 생겼다.

그런데 3학년 재학 중 어머니가 건강이 악화되어 어려운 형편이 되었다. 할 수 없이 3학년 2학기에 이리농림중학교로 전학을 하게 되었다. 박씨 댁 주인과 그 가족의 많은 은덕을 받고 염려를 끼친 점에 대하여 죄송한 마음 금할 수가 없었다. 전학 후 김제로 다시 돌아온 어머니는 전에 살던 집주인 할아버지 댁에 가서 치료를 받고 점차 회복이 되었다. 나는 어머니와 헤어져 할머니하고 같이 살면서 공부를 하게 되었다.

이리에는 이리농림중학교와 이리공업중학교가 있었는데 김제에서 기차로 통학을 하는 학생들이 많이 있었다. 국민학교를 졸업하고 4년이나 늦게 중학교를 다녔기 때문에 나이 어린 후배들이 선배가 된 경우가 종종 있었다. 이들과 같이 기차통학을 하게 되니 자존심도 상하고 처신에 어려움도 많았다. 그러나 나는 마음을 진정시키고 통학을 계속하였다.

나에게는 고모님 두 분이 있었다. 큰 고모는 김홍기(金弘基) 고모부하고 김제군 황산면에서 밭농사를 하면서 생활하고 있었고, 작은 고모는 최명식(崔明植) 고모부하고 결혼해 정읍에서 살고 있었다. 작은 고모는 정읍농업학교를 졸업하고 정읍 군청 직원으로 근무하고 있었는데 8·15해방이 되자 군청 직원을 퇴직하고 정읍군 신태인읍으로 이사하여 평화양조장을 운영했다. 막걸리(濁酒), 약주(藥酒)가 잘 팔려 많은 돈을 벌어 저축해 부자 소리를 들으며 살고 있었다. 그때 우리 가족의 딱한 처지를 들은 작은 고모부께서 김제역전 옆 마을에 깨끗한 초가집을 사서 할머니에게 드렸다. 그리고 생활비 일부를 보조해 주었다. 나와 할머니는 바로 새로운 집으로 이사를 하였다. 나는 넘치는 기쁨을 억제할 수가 없었고, 이제는 마음껏 공부할 수 있는 기회가 왔구나 생각하니 감회가 새로웠다. 내가 중학교 5학년 때 일이었다.

6·25 동란

새 집에서 기차통학을 하면서 열심히 공부하던 중 6·25전쟁이 발발하였다. 1950년 6월 26일 우리 기차 통학생들은 수업이 끝나고 귀가하려고 평소대로 이리역으로 갔다. 그런데 통학열차가 출발시간이 되었는데도 운행을 하지 않았다. 무슨 영문인지도 모른 채 우리들이 우왕좌왕하는 동안 많은 시간이 경과하였다. 역직원의 말에 의하면 일반열차는 물론 통학차 등 모든 열차 운행이 중단되었다는 것이다.

김제, 신태인, 정읍 방면 통학생들은 철길을 따라 걸어서 귀가하기로 작정하고 출발하였다. 밤이 늦어서야 김제 집에 도착하였다. 신태인에 거주하는 동급생 한 명은 집에 갈 수가 없어 우리 집에서 하룻밤을 자고 다음 날 귀가했다.

북한 공산군은 6월 25일 새벽 일제히 삼팔선을 넘어 남쪽으로 쳐들어왔다고 했다. 6월 28일에는 수도 서울이 공산군에게 점령당하고 말았다고 했다. 이에 맞서 유엔군이 7월 14일 출동했다. 7월 20일 공산군이 대전 시내로 진격 돌입하였는데 유엔군의 딘 장군은 대전에서 물러나지 않고 전투에 직접 참전하였다. 그러나 딘 장군의 작전도 허사가 되고 대전은 적군에게 점령되었다. 딘 장군은 행방불명이 되었다가 끝내 적의 포로가 되고 말았다. 딘 장군의 대전 사수로 유엔군은 낙동강을 최후의 보루로 구축할 시간을 벌었고, 대구와 부산을 끝내 지킬 수가 있었다.

7월 중순경 김제가 공산 치하에 들어갈 무렵, 나는 할머니하고 김제 황산 큰 고모 댁으로 피란을 갔다. 며칠간 있다가 돌아왔더니 김제는 인민군 공산 치하에 들어가 있었다. 우리 집은 벽시계를 비롯한 가재도구 일부를 도난당하여 피해를 입었다. 당시 나는 학생의 신분이었고, 할머니는 칠십 세 노인이었으므로 공산당원으로부터 사상적으로나 신분상으로 의심을 받지는 아니하였다.

그후 유엔군 참전으로 전세는 역전되는데 드디어 9월 15일 유엔군과 국군 해병대가 맥아더 장군 진두지휘로 인천에 상륙, 서울을 향해 진격하였다. 9월 28일 역사적인 서울 탈환이 이루어져 중앙청 첨탑에 다시 태극기가 올랐다. 9·28 수복으로 민심은 가라앉고 정세는 정상화되어 가는 형편이었지만 아무래도 어수선한 분위기였다.

유엔군은 삼팔선을 넘어 북진하였으며, 10월 10일에는 원산을 완전

점령하고 10월 19일에는 평양을 점령했다. 10월 26일에는 압록강에 이르고 10월 28일에는 성진을 점령했으며 11월 25일에는 함경북도 도청 소재지 청진에 돌입했다.

그러나 북한 공산군이 거의 섬멸될 상태에 이르자 중공은 아무런 통고도 없이 한국전에 병력을 투입하기 시작했다. 11월 29일에 서부전선의 아군은 청천강 이남으로 후퇴하고, 12월 1일에 이르러서는 동부전선에서도 후퇴를 개시했다.

중공군은 인해전술이었다. 일제히 삼팔선을 넘어섰다. 1951년 1월 4일 서울이 두 번째로 적군의 수중에 넘어갔다. 1월 7일 수원이 함락되고 적군은 계속 남진했다. 아군도 이때에 병력과 장비를 정비하여 반격할 태세를 갖추었다. 1월 9일 아군은 비로소 재반격을 개시, 1951년 3월 16일 서울을 재탈환했다. 7월 16일 아군은 총공격을 개시 7월 20일에는 앞서 잃었던 지역의 대부분을 탈환했다.

드디어 1953년 7월 27일 오전 10시 정전협정이 정식 조인됨으로써 3년 1개월에 걸친 한국전쟁은 종전이 아닌 휴전으로 막을 내렸다. 참담한 비극을 겪은 한국 국민은 제2의 38선인 휴전선으로 하여 민족 분단의 비운을 다시 맞이하게 되었다.

나의 불행한 운명

6·25 동란이 발발한 지 불과 한 달이 지나지 않은 7월 하순경 김제는 공산 치하에 들어갔다. 그러나 유엔군 참전으로 전세는 점차로 역전되어 가고 있었다. 낮에는 대한민국으로 평온했다가 밤이 되면 산 속에

진치고 있던 공산군이 산 주변의 마을은 물론 시내까지도 내려와 만행을 저지르는 불안한 시국이 계속되었다.

마침내 9·28 수복으로 시국이 점점 안정되어 갔고, 학교도 정상화되어 갔다. 그러나 공산 치하가 되기 전에 재빨리 피란해 남하한 사람은 괜찮았지만 공산 치하에 그대로 남아 있던 사람들은 사상적으로 의심을 받고 사회활동에 지장을 받는 사회 분위기가 형성되고 말았다. 나는 학생 신분이기 때문에 어려움 없이 공부를 계속 할 수 있게 되었다.

그런데 1951년 5월경부터 갑자기 할머니께서 거동을 하지 못하고 자리에 누우셨다. 그때에는 병원에 입원할 수도 없는 형편이라 내가 매일 할머니의 용변을 받아 내는 등 병간호를 하게 되었다. 약 십리 거리에 있는 김제 황산면의 큰 고모가 와서 밥 수발도 해주고 세탁도 해주곤 저녁 때 집으로 돌아가시고 하였다. 그 무렵 남의 집살이를 하고 계시던 어머니도 심한 위장염으로 전주예수병원에 입원 치료중이라고 전주에 살고 있는 이모부가 나에게 연락을 해주었다.

그러나 나는 할머니 병간호 때문에 문병을 갈 수가 없었다. 어머니 병세는 더욱 악화되어 1951년 7월 14일에 45세로 세상을 떠나셨다. 어머님의 장례식을 정읍 신태인에 살고 있는 작은 고모부와 전주에 사는 이모부가 모셨는데 나는 장례식에도 참석하지 못하였다. 불효막심한 자식이었다. 용서해 주시라고 땅을 치고 통곡하여도 소용이 없는 일이었다.

할머니께서도 나날이 병세가 악화되어 어머니가 돌아가신 지 한 달 뒤인 1951년 8월 20일에 향년 71세로 별세하시었다. 그때 내 나이는

정읍에서 양조장을 했던 최명식 고모부님 회갑 기념사진. 1960년대.

24세로 어머님과 할머님을 차례로 잃고 완전한 고아가 되었다. 슬픔과 허탈한 마음을 억제하면서 할머님의 장례식을 치렀다. 작은 고모부의 도움을 받아 할머니를 정중히 모시고 나니 참으로 허망하기 이를 데 없었다. 허탈감에 빠진 나는 앞으로 살아가야 할 일이 막막하였다. 나는 그야말로 이 세상에 홀로 남은 불우한 처지가 되었다.

이런 나의 처지를 딱하게 여긴 작은 고모부께서는 당신 집에서 같이 살자고 권했다. 나는 그 동안 살던 초가집을 매각처분한 뒤 정읍 신태인 평화양조장 고모부 댁으로 거처를 옮겨 같이 살게 되었다.

고모부님의 은혜 생활

다소 안정을 되찾은 나는 공부를 계속하려고 재학 중인 이리농림중학교에 등교했다. 그런데 담임선생님께서는 결석일수가 많으니 휴학하였다가 내년 신학기에 복교하라는 말씀을 하셨다. 가정형편상 부득이 결석하게 되었다는 사정을 간곡히 말씀드렸으나 받아들여지지 않았다. 무단결석이 많은 불량학생으로 오해를 한 것이 아닌가 하는 생각이 들었다. 그래서 할 수 없이 전학을 결심하고 전학증명서를 발급받아 전주남중학교를 찾아가 서류를 제출하였다. 마침 자리가 있다며 접수되어 전학이 되었다. 전주남중학교는 8·15 해방 전에는 일본인들이 주로 다니는 학교였다. 6학년 졸업반 때 학제가 변경되어 중학교 3년 고등학교 3년제로 나뉘어졌다. 전주남중학교와 전주상업고등학교로 분리된 것이다. 나는 주판 한 번 잡아 보지 못하고 전주상업고등학교 제1회 졸업생이 되었다. 지금 생각해 보면 우여곡절도 많았고, 다사

1956년도 전북대학교 이리농과대학 졸업 앨범 표지.   대학 졸업 기념사진.

다난했던 중고 학생 시절이었다.

 고모부와 고모는 고모부의 어머니를 비롯한 2남 3녀를 부양해야 하는 어려움 속에서도 불행한 나를 친부모와 같이 돌보아 주셨다. 고등학교를 졸업한 나는 고모부의 배려로 전북대학교 농과대학 농학과(농업경제 전공)에 입학하여 공부를 계속할 수 있게 되었다. 그 당시에는 전북대학교 농과대학과 공과대학이 이리시(지금 익산시)에 있을 때라 동창생과 자취도 하고 하숙생활도 하며 학교를 다녔다.

 1952년 대학 1학년 여름방학 무렵, 고모부집으로 사복 경찰관이 나를 찾아와 병역 미필자라고 하면서 끌고 가더니 시내 어느 창고에 가두었다. 나는 징병검사도 한 적이 없고 영장을 받은 일도 없는데 기피자로 몰리니 어이가 없었다. 그 무렵 병무행정이 얼마나 엉망이었는지 한탄하지 않을 수 없었다. 다음 날 수십 명을 모아 놓고 신체검사를 했다. 나는 키나 체격이 작을뿐더러 국민학교 졸업 후 왼쪽 다리가 골절

된 적이 있어서 그랬는지 신체검사에 불합격했다. 뜻하지 않게 기피자로 몰렸다가 다행히 집에 돌아올 수 있었다. 그때 신체검사에 합격된 자는 바로 군부대에 입대한 것으로 기억된다.

그 당시는 수복 후라 치안이 많이 안정되었다고는 하지만 산간지방 부근 마을에는 밤중에 빨치산들이 민가를 습격하여 식량 의복 가축까지도 강탈하여 가는 사건이 종종 일어나서 사회 분위기가 불안하였다. 이에 따라 여러 가지 사정을 고려하여 고모부께서는 신태인 평화양조장을 처분하고 전주로 이사했다. 그곳에서 시외버스 2대를 구입하여 운영하였다.

그러나 고모부의 버스 운송사업은 경영이 부진한 상태였다. 운전기사 2명과 차장 2명의 월급을 주기에도 벅찬 모양이었다. 거기에다 버스가 중고인지라 자주 고장이 나서 수리비가 많이 들어갔다. 수지타산을 맞출 수 없었던지 고모부는 약 2년간 운영하던 운송사업을 접었다. 고모부는 버스를 팔아 처분하고 다시 정읍으로 돌아와 시장터에 가게 집을 매입하여 이사를 하였다. 이곳에서 새로이 중앙양조장 간판을 걸고 막걸리와 약주를 제조하여 판매하기 시작하였다. 운송사업과는 달리 양조장 사업은 나날이 경영이 호전되어 갔다.

고모부는 8·15 해방 이후 6·25 동란 수복까지 몇 년 동안 양조업 경험이 있어 능숙한 운영을 할 수가 있었다. 양조장 종업원으로 기술자 한 명과 운반 배달원 3명을 두었는데 이들이 쉴 사이 없이 바쁠 정도로 경기가 좋았다. 그때 고모부 얼굴에는 항상 웃음이 가득했다. 나 역시 부담감 없이 생활하게 되니 기쁜 마음 금할 수 없었다. 나는 이리에서 하던 하숙 생활을 접고 정읍으로 이사 와 기차 통학을 하게 되었다.

학교에서 집에 돌아오면 시간 나는 대로 양조장 일을 도우면서 하루하루를 보냈다. 유년기, 소년기를 고생하면서 살았고 중고 재학 시절에는 환경 탓을 하며 학교 공부에 열성을 다하지 못했다. 두뇌가 명석하지 못한 탓으로 대학 학과 공부도 등한히 했다. 이런 가운데에서도 고모 내외분의 도움으로 대학 졸업을 겨우 할 수 있었다.

지금 생각하여 보면 불운한 환경 탓을 하지 말고 장래 희망을 가지고 더욱 공부에 정진했어야 했는데 그러지 못한 것이 참으로 후회스럽기만 하다. 나는 대학교 졸업 후에는 매일 양조장 사무실에 거처하면서 적극적으로 양조장 일을 돕게 되었다.

거래처에서 주문이 들어오면 자전거에 술을 싣고 배달원이 새벽부터 배달을 나간다. 이때 배달하는 술의 수량과 수령자 가게 이름을 장부에 기록하는 일과 오후에 배달원이 수금해 오면 수금액을 기록 정리하여 장부에 올리고 들어온 현금을 고모부에게 인계하는 일이 내가 맡은 주업무였다.

나는 월급이나 보수는 따로 받지 않았다. 나를 보살펴 주는 은혜에 대한 보답으로 알고 즐거이 일을 해나갔다.

이렇게 생활하던 어느 날, 이제는 나도 취직을 하여 독립생활을 해야겠다는 생각이 문득 들었다. 그 당시에는 취직하기가 하늘에서 별따기만큼이나 어려운 때였다. 마침 전주 어느 신문사에서 직원을 채용한다는 광고가 났다. 나는 그 광고를 보고 내 생전 처음으로 이력서를 제출하고 면접 시험을 보았다. 결과는 불합격이었다. 나는 크게 실망 하였다. 그후에도 두 차례 공무원 채용 시험에 응시하였으나 사전 준비가 부족해서 그런지 모두 실패하였다. 공부를 열심히 하지도 않고 무모하게 응시한 내 행동을 탓할 수밖에 없었다.

2. 인생 지각생 희망이 비치다

새 출발한 결혼 생활

고모부하고 친구인 이해창 씨(前읍사무소 부읍장)가 시간이 나면 수시로 양조장 사무실에 들러서 이 이야기 저 이야기하면서 놀다 가곤 했다. 어느 날 이해창 씨가 고모부에게 현재의 내 아내 송경희(宋環姬, 당시 정읍서국민학교 교사)를 소개하면서 나하고 결혼 중매를 하였다는 말을 듣고 믿을 수가 없었다. 나는 체격이나 인물도 보잘것이없을 뿐더러 부모형제도 없는 고아나 다름없으며, 거기에다 직업도 없어 경제적으로도 어려운 형편인데 과연 결혼 대상자로 적합한가 하는 의문이 들었다. 그분의 소개로 나는 그녀를 여러 차례 만나서 이야기를 나누어 보았다. 만날 때마다 이모저모로 그녀를 탐색해 보았으나 성격이 활발하고 나를 피하거나 싫어하는 기색이 없었다.

오빠 되는 송경상(宋環相, 당시 정읍교육청 경리계장) 씨도 우리의 결혼에 반대하지 않고 동의하였다. 우리는 1958년 1월 2일 겨울방학 중 결혼식을 올렸다. 그때 나는 31살이었고, 아내는 27살이었다. 그 당시 정읍에는 결혼예식장이 없었으므로 정읍서국민학교를 빌리기로 하였다. 그런데 그 학교에도 결혼식을 올릴 만한 강당이 없는 때라 하는 수 없이 교실을 이용하여 혼례를 치르기로 하였다. 교장선생님 이하 전교 선생님들의 협조로 빈 교실을 꽃으로 장식하고 정읍교육청 교육장님 주례 하에 무사히 결혼식을 마쳤다. 결혼을 도와주신 모든 분들에 대한 감사의 마음은 영원히 변치 않을 것이다.

결혼식날은 겨울이었지만 포근했다. 친지를 비롯한 내 동창, 하객들에게는 처갓집에서 방문을 열어 놓고 식사를 대접하였다. 일정한 수입

아내 송경희의 원불교 법호수여식 기념사진.

이 없던 나는 신혼여행을 가지 못하였다. 지금도 아내에게 미안한 마음이다. 이 결혼은 하느님과 조상님들께서 도와주신 은덕으로 믿고 싶다.

우리 부부는 정읍여중 교문 앞에 초가집 월세방 하나를 얻어 신접살림살이를 시작하였다. 마치 어린아이들의 소꿉놀이와도 같은 생활이었다. 겨울철이라 소나무 장작을 한 차 구입하여 좁은 공간에 저장하여 놓고 아궁이에다 불을 때면 밥도 되고 온돌방도 따뜻하게 덥혀져서 일석이조였다. 나는 불 때는 일을 많이 도와주었다. 아내는 계속하여 국민학교 교사 생활을 하였고, 나는 양조장에 가서 일을 도와 드렸다.

우리가 사는 집에서 길 건너 100여 미터 되는 가까운 거리에 처갓집이 있었는데 장모님이 수시로 찾아오셔서 모든 살림살이를 도와주셨다. 장모님은 장인어른이 1남 2녀를 두고 일찍 별세하는 바람에 혼자의 힘으로 어렵게 아이들을 길러 공부도 시키고 결혼까지 시켰다. 장모님을 모시고 살던 처남 송경상의 아내가 아들 송원(宋元), 딸 송정임(宋楨姙) 1남 1녀를 낳고 수년간 투병 끝에 1960년 8월 25일 불행하게 사망하였다. 처남은 그후 재혼하여 서울 영등포로 이사를 하였다.

그리하여 우리가 장모님을 모시기로 하고 1960년 말경 구미동 강창규(康昌奎) 씨 댁 행랑채를 월세로 얻어 이사를 하게 되었다. 주인댁은 안채가 아주 넓고 웅장한 기와집이었다. 행랑채에도 방이 두 개나 있고 정원이 넓었다. 당시 우리 형편으론 과분한 느낌이 드는 그런 집이었다.

강창규 씨는 그 당시 정읍군청 경리계장으로 근무하는 한편 덕천면에서 농사도 지어 비교적 여유 있는 생활을 하였다. 그분은 너그러운 성품을 지니고 있었고 인격적으로도 매우 훌륭했다. 사모님 또한 겸허하고 포근한 인정미로 우리를 도와주신 분으로 기억에 남아 있다.

나는 그때 직업도 없고 무위도식으로 막막한 처지에 있었으므로 아내가 받은 월급만 가지고는 생활을 하기가 힘들었다. 그러므로 장모님께서는 방 한 칸에 중학생 하숙생 3명을 들여 생계에 도움을 주기도 했다. 겨울철 땔감으로 소나무 장작을 사용하기에도 힘에 벅차 값싼 왕겨를 사다 풀무질하며 사용하기도 하였다.

나는 이곳으로 이사 온 후부터 양조장 일을 돕지 않고 지낼 수 있게 되었다. 시간의 여유가 많아진 나는 시내에 가서 친구가 운영하는 당구장에서 친구들과 당구를 치며 어울려 놀았다. 때로는 당시 유행하던 열두 달 보기 화투놀이도 하면서 하루하루 시간을 보냈다. 지금 생각해 보면 무직자로 얹혀 살면서 취직을 위해 열심히 노력을 해도 시원찮은데 하릴없이 건달 생활로 하루하루를 보낸 일이 한없이 부끄러워진다.

산림조합에 취업

산림 소유자와 경영자의 경제적 사회적 지위 향상을 도모하고 산림 보호와 개발을 촉진함으로써 국민경제의 균형 있는 발전에 기여함을 목적으로 1962년 세워진 것이 산림조합이다.

1963년 5월경에 산림조합중앙회에서는 전남 광주시에서 기사(技

士) 채용을 위한 시험을 본다는 광고를 냈다. 나는 여기에 응시하기 위해 준비를 했다. 때마침 정읍농업학교에서도 기사 채용시험에 대비하는 특별반을 개설하였다. 그 학교 임과 담당 선생님께서 시험 예상문제 강습을 10여 일간 해주었다. 나는 매일 여러 수강생들과 함께 열심히 수강했다. 채용시험에 큰 도움이 된 강의였다.

그 당시에는 교통이 불편하던 때라 나는 시험 전날 광주시에 가서 여관에 투숙하였다. 시험 당일 시험 장소에는 많은 수험생이 모여 여러 교실을 사용하였는데 전라남북도 수험생 전체가 모인 것이 아닌가 하는 생각이 들 정도였다. 나는 시험에 응시한 결과 다행히 합격했다. 1963년 6월 1일자로 정읍군 산림조합의 기사직에 배치 발령을 받았다. 그곳에는 김형태(金炯台) 조합장과 박병호(朴炳浩) 상무와 기사직 3~4명으로 약 10여 명의 직원이 근무하고 있었다.

그 당시 산림조합의 주업무는 일제의 수탈과 6·25 사변으로 황폐화된 산을 최단기간 내 녹화 복구하는 일이었다. 특히 산사태를 막기 위한 사방사업에 아카시아 나무를 심을 수 있도록 양묘사업을 지도 관리하는 일이다. 각 읍면 산간 마을에는 산림계(山林契)가 조직되어 있어서 산림보호에 협조하고 조합비를 수납하여 조합 운영에 도움을 주었다.

나는 정우면에서 넓은 면적에 아카시아 양묘사업을 크게 하는 업자가 있어 그곳 양묘장을 담당하여 지도관리를 하게 되었다. 양묘업자도 우량 묘목을 생산하여 묘목 검수 합격품이 다량 수납되어야 묘목 대금 정산시 많은 수익을 얻을 수 있기 때문에 있는 정성을 다하여 육성했다. 교통이 불편하던 때라 어느 날은 양묘작업을 늦게까지 하는 바람에 조합 사무실로 돌아오지 못하고 양묘업자 집에서 숙식을 해결하고 이튿날 돌아온 적도 있었다. 우량 묘목을 길러내는 것이 나에게 주어진 주임무였으며 나의 이러한 일과는 되풀이 되었다.

산림조합 초창기에는 재정 및 운영 면에서 어려움이 많았다. 사무소도 제대로 갖추지 못하고 임시사무소에서 사무를 보았기 때문에 매우 불편하였다. 다행히 정읍 군수와 산림조합장 간에 이루어진 교섭이 잘 되어 산림조합 사무실을 군청 산림계 옆 공간으로 옮길 수 있었다. 그곳을 잘 정리하여 사무를 집행하였는데 분위기도 좋고 사무 능률도 높아졌다. 나는 주어진 임무에 충실히 임했다. 그러다 보니 양묘사업을 비롯한 산림조합의 여러 업무를 폭넓게 파악할 수 있었다. 정읍군의 산림에 관계된 여러 가지 내용과 사정도 잘 알게 되었다. 내 맡은 업무에 숙련되어 일의 능률이 오를 무렵, 뜻밖에 1965년 3월 21일자로 부안군 산림조합으로 옮기라는 전근 발령을 받았다. 정읍에서 첫 근무를 시작한 지 1년 10개월 만에 떠나게 되니 섭섭하기도 하고 한편으론 새로운 부임지에 대한 불안한 마음도 금할 수 없었다.

나는 부안으로 가서 하숙집부터 정하고 출근을 하였다. 이곳에서도 역시 아카시아 양묘사업 업무를 주로 담당하였는데 조합장 및 직원들과도 낯설어 외로움을 많이 느꼈다. 부안군의 지리도 생소한데다가 양묘장도 면소재지 마을 변두리 먼 곳에 위치해 있어 양묘업자를 방문하려면 안내를 받아 가야하는 어려움이 있었다.

정읍 집에도 주말이나 한 번 들를 수 있었다. 아내와 주말부부로 지

내려니 불편하기 짝이 없었다. 정읍에서 근무할 때는 박봉이지만 월급 전액을 생활비로 보태어 쓸 수 있어 그런대로 괜찮았는데 부안에 와서는 하숙비를 지불하고 나면 별로 여유가 없었다. 새로이 생계 문제가 걱정이 되어 착잡하였다.

부안에 와서 근무한 지 3개월 쯤 경과한 어느 날, 전주에 거주하면서 고창군 산림조합 기사로 근무하고 있는 동창생이 나를 찾아왔다. 그는 자기가 부안군 산림조합에서 근무해야 할 사정이 생겨서 그러니 나더러 고창군 산림조합으로 가서 근무할 수 없겠느냐고 제의했다. 전근 수속 절차는 자기가 알아서 해결하겠다고 말했다. 나는 이 말을 듣고 처음에는 대답을 못하고 있다가 부안이나 고창이나 객지 생활은 마찬가지라고 생각되어 승낙하였다. 나는 또다시 1965년 7월 11일자로 고창군 산림조합으로 전근 발령을 받았다. 고창으로 가 하숙집을 정한 다음 이튿날 출근하여 조합장 및 전 직원들과 부임인사를 나누었다. 이어 담당업무를 인수 받고 정상근무를 하게 되었다. 이곳도 역시 객지 생활이기는 마찬가지여서 고달프기는 부안에 있을 때와 다를 게 없었다. 그러나 나는 언제나 고생을 참고 지내면 낙이 온다는 믿음을 가지고 조금도 게으름을 부리지 않고 충실히 근무하였다.

교직 생활

고창에서 기사 업무에 충실하고 있던 1965년 12월 어느 날이었다. 전북일보 신문에 배영중학교 농업과 교사 1명을 채용한다는 광고가 났다. 나는 여러 가지로 생각한 끝에 이력서와 구비서류를 갖추어 제

1965년도 배영중 농업 교사 시절, 교무실 집무 광경.

배영중 졸업 앨범 속 동료 교직원들.

1965년도 배영중학교 졸업 앨범.

배영중 졸업 앨범 속 내 모습.

출하고 응시하였다. 응모자는 모두 다섯 사람이었다. 학교에서는 이들을 교장실에 모아놓고 간단한 필기시험을 실시했다. 시험 후에는 이사장실에서 이사장 면접을 받았다. 얼마 후 나는 합격되었다는 통지를 받았다. 옛날 어느 누가 "지그시 참고 노력하고 있으면 언젠가는 햇빛을 볼 날이 있다"고 말한 것처럼 열심히 노력한 끝에 뜻을 이루게 되니 기쁘기 한량이 없었다.

특히 객지 생활을 접고 정읍 집에서 가족과 같이 생활할 수 있다고 생각하니 더욱 넘치는 기쁨을 억제할 수가 없었다. 나는 1965년 12월 17일 정식 발령을 받아 학교에 출근하게 되었다. 기사직에서 교사직으로 새 출발하려니 떨리기도 하고 기대가 되기도 하였다. 나는 학교법인 정읍 배영학원 이사장 문영희(文榮嬉) 여사님, 황의준(黃儀俊) 교장선생님, 하성옥(河聖玉) 교감선생님을 모시고 교직생활을 시작하였다.

당시 배영중학교는 남녀공학이었다. 학년당 남학생 2학급 여학생 1학급으로 편성되어 전교학급이 9학급이었다. 나는 남학생 학급만 맡아 가르쳤다. 농업 실습 시간에는 실습실이나 실습을 위한 전답(田畓)이 없어 대신 정원수를 손질하는 방법, 또는 운동장 주변 울타리나 빈터를 이용하여 채소 호박 등을 심어 기르는 법을 가르쳤다. 처음에는 1학년 남학생반 담임을 맡아 가르쳤으나 그 다음해에는 여학생 반 담임을 맡아 지도하기도 하였다.

서무과장으로 전직 근무

농업과 교사로 근무한 지 2년 반이 지날 무렵, 배영중학교 서무실의 서무과장이 일신상 사정으로 퇴직을 하여 공석으로 남아 있게 되었다. 그때, 무슨 이유에서인지 하성옥 교감선생님이 문영희 이사장님에게 나를 그 후임으로 추천하였다. 나는 교사직에서 행정직으로 이동한다는 것에 난감해 했으나 어쩔 수 없이 1968년 7월 18일 서무과장으로 이동근무를 하게 되었다. 서무실에는 김백근(金百根) 선생님이 경리 주임으로 있으면서 학교의 살림살이를 원만하게 잘 운영하고 있었다.

1967년 9월 8일 학교는 학년당 5학급, 전교 15학급으로 학급 증설이 되었다. 학칙 변경으로 남녀공학이 폐지되고 남학생만 모집하게 되었다. 1978년 12월 7일에는 학년당 6학급 전교 18학급으로 학급 증설이 되어 규모가 큰 학교로 발전하였다.

문영희 이사장님께서는 한편으로 고등학교 설립을 추진하였다. 교장선생님과 서무실 직원들도 그 뜻을 받들어 고등학교 설립을 위한 인

배영중종합고교 동료들과 함께.

서무과장 시절 동료들과 함께.

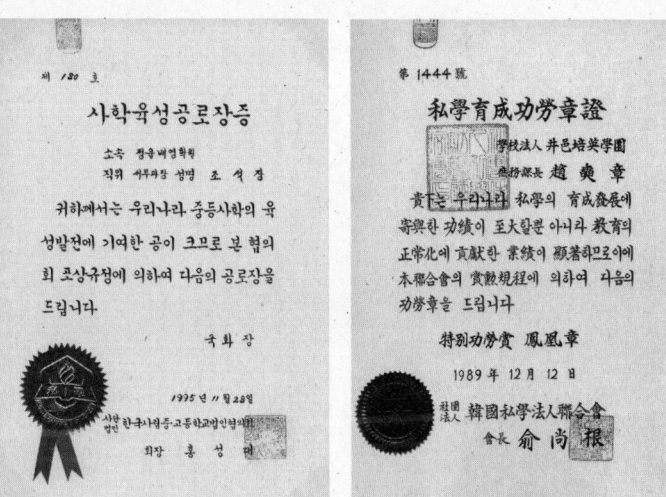

1982년도에 받은 사학육성공로장증.

(퇴임 후) 1995년도에 받은 사학육성공로장증.

가신청서를 제출했다. 그 결과 1976년 12월 28일, 보통과 2학급 상업과 1학급의 배영종합고등학교가 설립되었다. 고등학교 교사를 새로 건축했고, 1983년 6월 22일에는 보통과 6학급, 상업과 2학급으로 학급 증설 인가가 났다. 학급수가 보통과 18학급, 상업과 6학급으로 총 24학급 규모의 큰 학교로 발전하였다.

중·고등학교장은 황의준 교장선생님이 겸직하고 교감에는 하성옥 교감선생님이 겸직하게 되었다. 그후 황의준 교장선생님은 건강상의 문제로 1982년 4월 7일 교장직을 퇴임하고 후임에 하성옥 교감선생님이 승진, 교장으로 취임하였다.

2. 인생 지각생 희망이 비치다 75

김진석 교장선생님과 백두산 천지에서.

나는 중·고 서무실을 함께 맡고 있다가 1982년 3월 신학기부터 중·고 사무분장을 하게 됨에 따라 고등학교 서무실만 맡게 되었다. 중학교 서무과장에는 직무에 충실하여 공로가 많은 하정봉(河正奉) 주임이 맡게 되었다.

세월은 유수와 같이 흘러 하성옥 교장선생님도 건강상의 문제로 1991년 2월 28일 퇴임했다. 후임으로 정읍여자고등학교장에서 정년퇴임한 교육 행정 및 교육 경력이 풍부하신 전우태(全遇泰) 교장선생님이 1991년 3월 1일 고등학교 교장으로 취임했다. 중학교 교장으로는 김진석(金鎭錫) 교감선생님이 취임하였다.

정읍시 시기동 194-7번지에 자리한 배영중고 교사(校舍) 부지는 약

6,800평 되는 규모였다. 그런데 정읍시가 발전하면서 이곳이 도시 중심부가 되었다. 좀더 나은 교육환경을 위해 정읍시 외곽으로 교사를 신축 이전하려는 계획을 세웠다. 이사장님과 중고교장 서무과장 등이 함께 적당한 교지를 물색한 결과 두승산(斗升山) 자락에 위치한 흑암동 520번지 일대가 적합하다고 판단되어 그곳으로 학교를 옮기기로 결정하였다.

시기동 학교 부지는 (유)삼화건설(대표이사 윤방섭)이 아파트(현 삼화그린아파트)를 짓는 데 사용하는 대신 흑암동 520번지에 학교 교사를 신축해 주기로 했다. 문 이사장님과 윤방섭 대표는 계약을 체결하고 1993년 8월 31일 배영중고 교사 신축을 시작하였다. 안전 기원제를

배영중종합고교 교정에서 동료들과 함께.

배영중종합고교 서무과장 퇴임식. 1995년 2월 18일.

올리고 신축 공사를 시작한 이후 여러 차례 문 이사장님, 교장선생님을 모시고 신축 교사 현장에 가서 공사 진행 상황을 시찰 확인하였다. 1993년 11월 13일에는 공사현장에서 상량식(上梁式)을 가졌다.

1994년 5월 초순경 신축 교사 이전을 앞두고 문영희 이사장님의 건강이 악화되어 전주예수병원에 입원하였다. 백방으로 노력하였으나 이사장님의 병세는 더욱 악화되어 1994년 5월 29일 별세하셨다. 5월 31일 배영중고등학교 교정에서 영결식(永訣式)을 하였다.

이후 1994년 6월 11일 신축 교사로 이전하였으며, 1994년 9월 14일 신축 교사 준공식을 교정에서 거행하였다. 신축 교사는 중·고 교실, 실험실, 독서실, 강당, 기숙사, 식당, 넓은 운동장 등으로 이루어져 있어 정읍 시내는 물론 도내 어느 학교와 비교하여도 손색이 없는 훌륭한 학교 시설을 자랑하게 되었다.

이런 보람을 뒤로 하고 나는 1995년 2월 18일 배영중학교 김진석 교장 선생님과 함께 퇴임을 하게 되었다. 퇴임식에서 나는 다음과 같은 퇴임사를 하였다.

을해년(乙亥年) 입춘도 지나고 내일이면 우수(雨水) 봄기운이 스며드는 오늘, 불초 본인의 퇴임을 축하해 주시기 위하여 공사간 바쁘신 데도 불구하고 왕림하여 주신 학부모님 동문회원 여러분께 진심으로 감사드리며 이처럼 따뜻한 환송의 자리를 베풀어 주신 이사장님과 교장선생님 그리고 여러 교직원 선생님들께 감사드립니다.

이 단상에 서고 보니 섭섭하고 감개무량하여 무슨 말을 드려야 할지 말문이 열리지를 않습니다.

제가 태어난 곳은 김제입니다. 성인이 되어 처음으로 직장을 잡은 곳이 정읍입니다. 정읍군 산림조합 기사로 취직이 되어 근무하다가 부안군 산림조합과 고창군 산림조합으로 전근하여 몇 년간 일하였습니다. 전근이 잦아 어려움을 겪고 있던 차에 배영중학교 농업과 교사로 채용되었습니다. 1965년 12월 17일 부임하여 2년 7개월 동안 충실히 2세 교육에 나름대로 힘썼습니다. 마침 서무과장 자리가 공석이 되어 뜻밖에 서무과장으로 전임하게 되었습니다. 이후 지금까지 29년 3개월 약 30년간을 서무과장으로 근무하게 되었습니다.

처음 부임하였을 때에는 전교직원수가 교장선생님을 위시하여 교사, 서무실 직원까지 다 합하여 15명 정도였고, 학급 수는 학년 당 남학생 2학급 여학생 1학급으로 전학급수는 9학급이었으며, 학생수는 약 400명에 불과한 작은 규모였습니다. 학교 건물도 이사장실, 교장실, 교무실, 서무실과 9개의 교실밖에 없었습니다.

그러나 그후 학교는 고인(故人)이 되신 문영희 이사장님과 황의준 교장선생님, 후임 하성옥 교장선생님의 치밀한 계획 아래 학급을 증설하고 교사를 증축하여 일진월보 발전하였습니다. 마침내 1976년 12월 28일 배영종합고등학교 학년당 보통과 2학급 상업과 1학급의 설립인가를 받았습니다. 이 과정에서 기쁜 일도 많았고 어려움도 많았습니다.

지금은 중·고교 교직원 수가 90여 명으로 증가하였고 학급 수는 중학교 18학급, 고등학교 24학급으로 늘어났고 중·고교 학생수도 약 2,000여 명으로 증가하였습니다. 숙원 사업이었던 학교 신축 교사 이전도 차질 없이 진행되어 드디어 작년 9월 준공식을 갖게 되었습니다. 두승산(斗升山) 중턱에 넓게 자리한 우리 학교는 쾌적한 환경과 훌륭한 교육시설 등 어느 학교와 비교하여도 빠지지 않는 학교가 되었다고 생각합니다.

학생 여러분.

실력 있는 선생님과 좋은 시설, 쾌적한 환경을 갖춤으로써 우리 학교는 여러분이 마음 놓고 공부할 수 있는 조건을 다 마련했다고 할 수 있습니다.

유명한 과학자 에디슨은 "나를 천재라 부르는 것은 잘못된 말이다. 나는 남이 쉴 때 일하고 남이 잘 때에도 연구했을 따름이다"라고 말했습니다. 학생 여러분도 남이 쉴 때 공부하고 남이 잘 때 더 꾸준히 노력한다면 에디슨처럼 천재가 될 수 있고 유능한 인재가 될 수 있다는 것을 명심하기 바랍니다.

제가 어느 신문에서 다음과 같은 기사를 보았습니다. 독일의 전(前)수상 브란트가 말하기를 "2차 대전 전에는 군사력으로 국력을 비교했고 전후에는 경제력으로 국력을 쟀지만 앞으로는 교육력으로 국력을 나타낼 것이다"라고 했습니다. 저도 전적으로 동감입니다.

존경하는 교직원 여러분.

군사력이나 경제력도 중요하지만 앞으로는 교육이 더욱 중요하다는 말처럼 교육계에 몸을 담고 있다는 것을 보람으로 여겨야 하겠습니다. 투철한 교육관을 가지고 2세 교육에 헌신 노력하여야 하겠습니다. 특히 사학에 계시는 분은 10년, 20년 퇴임할 때까지 계속 한 학교에서 근무하는 것이 보통입니다. 그렇기 때문에 모든 교직원이 나의 학교라고 생각하고 주인의식을 갖는 것이 매우 중요합니다. 교직원 여러분이 자발적이고 능동적이고 창의적인 마음가짐을 갖고 교육에 임한다면 우리 학교는 분명히 명문교로서의 위상을 확고히 할 것입니다. 최선을 다하여 주시기를 부탁드립니다.

우리나라 옛말에 회자정리(會者定離)라는 말이 있습니다. 한 번 만나면

반드시 헤어진다는 뜻입니다. 이것은 움직일 수 없는 일생철칙입니다. 사람의 힘으로 붙잡아 매어 둘 수 없는 것이 시간인 것 같습니다. 이 자리를 물러서야 할 시간이 된 것 같습니다. 그러나 배영중학교 배영종합고등학교라는 학교 이름은 나의 마음속에서 지울 수도 없고 헤어질 수도 없을 것입니다.

그러므로 제가 이 학교를 떠나 어느 곳에 있더라도 항시 마음속에서 학교법인 정읍배영학원의 발전을 위하여 기원하고 있겠습니다.

끝으로 이사장님, 학교장님, 교직원 선생님들과 학부모님, 동문회원님 여러분들의 가정에 행운과 건강이 가득하시기를 빌면서 두서없는 퇴임사를 가름하겠습니다. 감사합니다.

나의 가정생활

결혼한 뒤에도 아내는 국민학교 교직을 퇴직하지 않고 계속 근무했다. 그러다 아이를 임신하게 되었다. 그 당시 정읍에는 산부인과 의원이 없었기 때문에 처갓집에서 장모님의 도움으로 1959년 10월 22일 밤 9시에 아이를 낳았다. 딸이었다.

지금은 공무원이 출산하면 2개월 휴가를 주지만 그 당시에는 4주일간밖에 출산휴가를 주지 않았다. 아내는 산후 조리도 제대로 하지 못한 채 출근해 근무해야 했다. 내가 무직으로 놀고 있던 때라 건강이 회복되지도 않은 상태에서 근무해야 하는 아내에게 큰 부담을 준 것에 대해 지금도 미안한 마음을 금할 수 없다.

둘째 아이는 2년 후 1961년 11월 30일 낮 12시에 월세 집 방에서 출산을 하였다. 출산을 돌보던 장모님께서 아들이라고 말하였다. 우리 부부에게는 큰 기쁨이었다. 3대 독자로 태어난 나로서 그 기쁨은 무엇으로도 표현할 수 없었다. 생활은 어려웠지만 축복과 선물을 받은 것 같았고 우리 부부는 더욱 행복한 분위기 속에서 생활하게 되었다.

나는 아내와 함께 생활하는 장모님에게 미안한 마음 금할 수 없었고, 가장 노릇을 제대로 못하는 것이 괴로웠다. 때마침 1963년 6월 1일 정읍군 산림조합에 취업하여 직장을 갖게 되었다. 아내하고 둘이서 맞벌이를 하게 되니 가계에 훨씬 도움이 되었다. 우리 부부는 절대 헛된 데 돈을 쓰지 않고 아끼고 저축하는 생활을 하였다.

둘째 딸은 1964년 9월 7일 출산하였고, 셋째 딸은 1967년 3월 29일 출산하였다. 장모님께서는 계속 출산을 도와주시며 고생을 많이 하셨다. 아내도 산후조리를 제대로 못하고 근무할 수밖에 없었는데 정신적으로나 육체적으로 많은 어려움이 있었을 것이라 생각한다. 지금 같으면 산아제한을 하여 무리한 출산을 금하고 조절하는데 그때는 그런 생각을 못하던 시절이라 아내에게 큰 부담을 준 것 같아 미안하다.

어린아이 넷을 연로하신 장모님께서 계속 돌보아 주는 것은 무리라는 생각이 들었다. 그래서 우리는 시골에서 가정형편이 곤란하여 놀고 있는 아이를 구하여 심부름도 하고 아기와 함께 놀면서 돌봐주도록 하였다.

우리는 월세방 네 군데를 전전하다가 1971년 9월 3일 정읍군 정주읍 시기리 200번지 3호에 대지 46평에 3칸짜리 방 3개가 있는 오두막집을 매입하여 이사하게 되었다. 13년 만에 월세방살이를 끝내고 오두막집이라도 내 집을 소유하게 되니 기쁜 마음 어디에도 비교할 수 없었으

사무과장 재직 시 가족과 함께. (뒷줄 오른쪽에서부터 장녀 정혜, 장남 정길, 이녀 정옥, 삼녀 정아)

며 조상님께도 감사를 드렸다.

이곳에서는 연료로 연탄을 사용할 수 있어 편리했다. 방도 3개가 있어 여유가 있었다. 아이들도 집주인 눈치 볼 것 없이 자유스러운 생활을 하게 되었다. 한때는 방 한 개를 우체국 배달원에게 월세로 내주기도 하였다.

몇 년 후에는 살던 오두막집을 매각처분하고 오두막집 옆 위쪽에 대지 약 50평짜리 초가집을 매입하여 그것을 허물고 그 자리에 조그마한 삼간 기와집을 새로 건축하여 이사하였다. 새로 지은 기와집은 방이 3개 있었는데 새 집이라 방이나 마루가 깨끗해 기분이 좋았다. 집 마당 작은 정원에는 꽃도 심고 가꾸어 아름답게 꾸몄다. 고양이와 개도 기르며 옆방 한 칸은 남에게 월세로 주어 생활하게 하고 우리는 방 두 개를 사용하여 생활하였다.

이 집에 와서는 장모님이 정성껏 돌보아 주신 덕분에 1남 3녀가 귀엽고 예쁘고 건강하게 성장하여 학교에 다녔다. 집안 살림살이는 장모님이 여전히 돌보아 주셨다. 내가 근무하는 학교도 집에서 약 100여 미터 거리 가까운 곳에 있어 출퇴근하는 데 불편이 없었고, 직무에 충실할 수 있었다. 나의 아내도 학교 퇴근 시간이 되면 집에 돌아와 집안일을 정리하고 가정을 꾸려 나갔다. 우리는 더욱 생기와 활력이 넘치는 분위기 속에서 생활할 수 있었다. 아마도 이 시절이 우리 부부에게 가장 행복했던 때가 아닌가 생각하여 본다.

결혼 초부터 우리 집 살림을 도맡아 하시던 장모님께서 노환으로 몸져눕게 되었다. 날이 갈수록 병세는 악화되어 1982년 1월 8일(음 12월

1967,68년도 즈음 장모님의 모습.

14일) 오전 8시 30분에 향년 79세로 눈을 감으셨다. 나는 하늘이 내려앉을 듯 땅이 꺼질 듯한 심정을 가눌 길이 없었다. 슬픔을 애써 참으며 서울에 거주하는 처남에게 연락하고 아는 분이 소유하고 있는 순창군 복흥면에 소재한 산에 묘자리를 정하여 놓는 등 장례 준비를 하였다. 그 당시 정읍에 장례식장이 없어서 나의 집에서 장례를 치르기로 하였다. 서울에서 처남 가족들도 와서 참례하여 장례를 치르고 귀경하였다.

나는 지난날 장모님께서 어려웠던 시절 아이들을 키워 주시고 살림살이를 도와주신 그 은혜를 잊을 수가 없었다. 매년 추석이면 우리 부부는 아들과 며느리를 함께 데리고 가 순창군 복흥면 묘지에 참배하곤 하였다. 그런데 장모님 묘소에 가 보면 잡목이 무성히 자라 산소가 햇빛을 보지 못하고 그늘 속에 있게 되는 것이 늘 안타깝게 생각되었다. 그리하여 우리는 장모님 산소를 이장하기로 결정하고, 2006년 5월 12일 익산시 원불교 영모원 납골당으로 모셔 봉안하였다.

결혼한 후 월세방을 전전하던 우리 부부는 내 집을 갖는 것이 소원이었다. 허리띠를 졸라매고 모은 돈으로 어렵게 내 집을 마련하여 살게 되었는데, 그 집에서 오랫동안 살고 보니 보온과 단열이 잘 안 되었다. 한번은 연탄가스가 방안으로 스며들어 아침에 일어나니 어지럼증이 생겨 온 집안에 소동이 벌어지기도 하였다. 불안한 마음으로 생활하던 중, 주택공사에서 정읍에 연지주공아파트를 건축하여 분양하고 있어 우리는 그 집을 팔고 연지주공아파트 19평짜리를 구입해 1988년 1월 20일 이사를 하였다.

전에 살던 단독주택에 비교해 볼 때, 처음 살아보는 아파트는 생활하기가 아주 편했다. 그러나 한편 5층이라 아파트 엘리베이터가 없어 걸어서 올라가고 내려가야 하는 불편한 점이 있었다. 또한 연탄을 사용하는 아파트라 연탄공장에서 연탄을 배달할 때에는 등에 짊어지고 여러 차례 운반해야 하는 어려운 점이 있었다.

사람의 욕심은 끝이 없고 현재보다도 좀더 편안한 생활을 하고 싶어하는 것이 인지상정인가 보다. 나도 예외일 수가 없는 모양이었다. 불편하게 생활하던 중 마침 시기동에 현대아파트를 건축 분양한다는 소식을 들었다. 우리는 살고 있는 19평보다 넓은 31평을 분양 신청하여 1991년 5월 4일 현대아파트 103동 403호로 이사를 하였다. 이 아파트는 엘리베이터도 있었고, 난방도 연탄을 사용하지 않고 기름을 공동으로 쓰도록 시설이 되어 있어 불편한 것이 없었다.

이곳에서 5년 동안 살고서 시기동 시내에 삼화그린아파트를 새로이 분양 신청하여 1996년 6월 30일 삼화그린아파트 103동 703호 44평짜리로 이사를 하였다. 집 면적이 넓은데다가 동남향으로 햇볕이 잘 들어 밝고 쾌적하였다. 참으로 마음에 들고 좋았다. 더욱이 이곳에서는 시청, 동사무소, 우체국, 국민은행, 전북은행, 농협지점이 가까운 곳에 자리하고 있어 편리했다. 또한 제일 재래시장이 가까운 곳에 있어 편리하게 장을 볼 수가 있었다. 노후를 안락하게 지낼 수 있는 이곳을 떠나 이사할 생각은 없으며, 현재까지 살고 있다.

우리 부부가 살아오면서 가장 뜻 깊었던 것은 아이들을 잘 가르치고 무사히 결혼까지 시킨 일이었다. 우리 부부는 자녀들을 "교육은 기계를 만드는 것이 아니라 사람을 만드는 데 있다"는 루소의 명언대로 가르쳤다. 결혼시켜 가정을 이루는 자녀에게는 "결혼은 졸업이 아니고 시작이다. 단단히 각오하라"는 말로 교훈을 삼으라고 일렀다.

큰딸 정혜(廷惠)는 여중고 때부터 피아노를 개인지도 받아 지방 대학인 전주대 음악교육학과를 졸업하였다. 그런데 졸업하기 전 4학년 졸업반이었을 때, 큰딸이 같은 대학 미술학과 동기생이고 충남 천안이 고향인 배우자 박중환(朴仲煥) 군을 만나 교제를 했던 모양이었다. 어느 날 결혼하겠다고 말하기에 학교 졸업 후에 하라고 말렸다. 그러나 그들의 결혼 의사가 확고함을 알고 혼인을 승낙하였다. 4학년 때인 1981년 5월 17일 결혼식을 올렸다. 졸업 후 큰딸 부부는 천안에서 피아노 학원을 운영하다가 서울로 이사하여 피아노 및 미술학원을 운영하였다. 슬하에 2녀를 출산하여 현재 잘 성장해서 큰딸은 직장에 다니고 있고, 작은 딸은 여고에 다니고 있다.

큰아들이자 외아들인 정길(廷吉)이는 전주고를 졸업하고 서울대 의과대에 입학하여 졸업하였다. 1995년 서울 아산병원에서 암치료방사선과 전문의를 취득한 후 한서대 조교수를 역임하였으며, 1999년 미국 카이로프래틱(척추신경조절의학)의사 자격증을 취득하고 1999년 7월 24일 정읍에서 조정길의원을 개업했다. 한편 2003년 3월에는 대전대 한의학과 본과 1학년에 편입학, 한의학 공부를 하게 되어 2006년 9월 30일 의원을 폐업하였다. 2007년 1월 19일 한의사 자격 국가고시에 합격하였다.

정길이는 서울대 의대를 졸업한 후 두어 곳에서 중매가 들어오고 혼

위, 아들 정길의 대학 졸업기념.
왼쪽, 아들 정길의 졸업기념.

담이 오가던 중, 정읍의 지면이 있는 분의 딸로서 중앙대를 졸업한 김은아(金恩我) 양을 배우자로 맞아 1991년 4월 21일 결혼식을 하였다. 결혼한 후 아들이 귀한 집안에 서 아들을 2명씩이나 출산하였으니 우리 부부의 기쁜 마음은 무엇으로도 표현할 수 없었다. 새로 들어온 며느리는 설이나 추석 명절, 그 밖에 가족의 생일날 제삿날 등을 잘 챙겼다. 시어머니인 내 아내와 음식 준비도 같이 하고 집안일도 잘 보살폈다. 며느리가 원만한 품성으로 예의바르게 시어머니를 대했기 때문에 둘 사이에는 고부간 갈등이 일어나지 않았다. 주말에는 시간이 나면 우리 부부를 태우고 자가용 승용차로 여행을 같이 다니기도 했다. 이

군대 전우들과 함께한 아들 정길.

필리핀 따까이 따이에서 가족들과 함께.

와 같이 마음씨 좋은 효부였다.

현재 이들 부부는 고등학교 1학년에 다니는 아들 민규와 중학교 2학년에 다니는 아들 성규의 어학연수를 위해 가족 모두가 2007년 3월 15일 뉴질랜드로 출국해 그곳에서 생활하고 있다. 연말에 귀국 예정이다.

둘째 딸 정옥(廷玉)이는 경기대 독어독문학과를 좋은 성적으로 졸업한 후, 국민대 정치외교학과를 졸업하고 고창 해리가 고향인 이상철(李相哲) 군과 1990년 9월 9일 결혼했다. 서울에서 회사 직원으로 성실한 가정생활을 하다가 몇 년 후 전근 발령을 받아 전남 광주로 이사하여 충실히 근무하였다. 현재는 일신상의 사정으로 부득이 퇴직하고 서울로 다시 이사해 모 기업에 종사하고 있다. 슬하에 1남 1녀를 두었다. 아들은 중학교 3학년, 딸은 여고 1학년으로 재학 중인데 학교 성적이 우수하여 장래가 유망하다고 한다.

셋째 딸 정아(廷娥)는 인천전문대 전산과를 졸업하고 성불암(成佛庵) 스님의 중매로 인하대 경영학과를 졸업한 조정훈(趙正薰) 군과 2000년 6월 25일 결혼하여 성실하고 행복한 가정생활을 하고 있다.

결혼 후 정아는 인하대학병원 산부인과에 입원 2001년 6월 29일 첫 출산을 하였으나 태아를 사산하고 중태에 빠져 중환자실에서 치료를 받는 불행을 겪기도 하였다. 이 소식을 듣고 문병차 병원에 급히 도착하였지만 중환자실에서 치료를 받고 있어 면회도 못하고 노심초사했던 기억이 생생하다. 다행히 점차 회복되어 7월 20일부터 통원 치료를 하면서 완쾌되었다. 정아는 그후 무사히 딸을 출산하여 잘 기르고 있으니 다행한 일이다.

이처럼 내 인생 후반기에는 개인적으로나 가정적으로나 여러 가지로 축복받을 만한 일이 충만하게 베풀어졌으니 조상님의 은총이라고 아니할 수 없다.

이 형극의 수많은 고난 길을 동반자로 묵묵히 일생을 같이 한 나의 아내에게 진심으로 감사한 마음 금할 수가 없다. 우리 가정의 밑거름 역할을 다한 아내는 1998년 2월 18일 정읍남초등학교를 마지막으로 정년퇴임을 하였다. 퇴임 후 원불교 상동 교당에서 신앙생활을 하면서 한글학교를 설립하여 문맹자에게 한글을 가르치고 봉사하며 여생을 보내고 있다.

나의 고희연(古稀宴)

내 환갑을 맞이하여 가족들은 잔치를 하려고 서둘렀지만 나는 무릎 관절염으로 치료를 받고 있는 중이라 그냥 넘기기로 하였다. 그런데 고희를 맞이하자 아들과 며느리, 출가한 두 딸과 미혼인 막내딸이 모여 의논한 끝에 나에게 고희연을 하자고 건의해 왔다. 나는 환갑 때도 건강상 그저 넘기고 말았으니 자식들 체면도 있고 다소간의 비용도 저희들끼리 마련하여 간소하게 한다기에 굳이 반대하지 않았다.

나는 1928년 8월 6일(음력 6월 20일)생으로 더위가 한창인 때가 생일인지라 날을 앞당겨 1997년 7월 12일에 고희연을 하기로 했다. 장소는 내가 살고 있는 삼화그린아파트 옆에 있는 서울뷔페에서 하기로 결정하였다.

고희연 기념사진. 1997년 7월 12일.

마침내 고희연 날이 가까워지자 아이들은 그 준비에 분주하였고, 나도 전에 근무하던 배영중고 교직원과 정읍시 사학 실무자 회원 100여 명 합하여 150명 정도만 초청하여 연회를 갖기로 했다. 우리 가족들은 축하객들의 축의금을 일절 받지 않고 친절하게 접대하도록 합의를 보았다.

나의 인사말에 이어 친지들의 축사가 이어졌고, 배영중고 교장선생님의 축사가 잔치의 분위기를 더욱 북돋아 주었다. 우리 가족은 정성을 다해 마련한 음식을 하객에게 대접하였다. 그리 번잡하지도 않고 가족들과 하객들이 노래하며 환담하는 좋은 자리였다.

축하객들의 축의금을 일절 받지 않기로 결정했음에도 불구하고 학교 일부 교직원과 종친회 대표가 축의금을 놓고 갔다. 봉투를 열어 보니 70여만 원이 되었다. 나는 여기에 130만원 정도를 더 보태어 200만원을 만들어 다음 날 학교를 방문하였다. 불우한 학생에게 장학금으로 쓰도록 교장선생님에게 전달하였다.

나의 취미

학교에 근무할 당시 내 취미는 낚시였다. 주말이면 낚시를 좋아하는 교직원들과 어울려 낚시를 가곤 했다. 가을 단풍으로 유명한 내장산으로 들어가는 길목에 내장저수지가 있다. 이곳에 낚시꾼들이 모여서 저수지 변두리의 수심이 알맞은 곳에 자리를 잡고 낚시를 시작한다.

잔잔한 수면과 그 너머로 주위 단풍나무와 소나무 숲이 우거져 있어 한 폭의 산수화처럼 아름답고 평화스러웠다. 참붕어 몇 마리 잡는 것이 고작이었지만 운이 좋은 날은 이십여 마리를 잡기도 했다. 여름방학 때는 밤낚시도 가곤 했는데 적막한 어둠 속에서 수면 위에 빛나는 한점 찌만을 응시하고 앉아 있으면 심신이 편안하고 평화스러웠다.

1988년 추석 때는 성묘를 다녀온 다음 날에 아침 일찍 나 혼자 정읍 산내면 옥정호 자연동 낚시터로 낚시를 하러 갔다. 평상시에는 낚시꾼들이 많이 모이는데 단 한 사람 낚시꾼만 있어 그 옆에 자리를 잡고 낚시를 시작하였다. 그때는 마침 88 제24회 서울올림픽 경기가 한창 진행 중이었는데 라디오로 올림픽 소식을 들으며 낚시를 하니 어찌된 일인지 뺨치 참붕어가 계속 걸려 100여 마리를 잡았다. 나는 20여 년간 낚시를 하면서 참붕어를 이렇게 많이 잡아 보기는 처음이었다.

오후 5시에 버스를 타고 집에 돌아와서 이웃에 나누어 주려 하니 반가워하지 않았다. 추석 다음 날이라 제사 음식이 많이 남아 있기 때문인 듯했다. 100여 마리나 되는 많은 참붕어를 나누어 줄 수가 없어 곤욕을 치른 웃지 못할 추억이 남아 있다.

그후에 내장저수지, 옥정호 등이 상수원 보호구역으로 지정되어 낚시 금지구역이 되었다. 나도 무릎 관절염이 도져서 건강상 취미로 하던 낚시질을 포기하게 되었다.

지난 1995년 학교에서 퇴직하고 난 다음 나는 서예를 시작하였다. 지암서예원에서 지암 유승훈 선생의 가르침을 받아 오전에 하루 약 2시간씩 꼬박꼬박 붓글씨를 연습하였다. 특별한 취미나 특기가 없어 붓을 처음 잡았지만 마음을 다스리고 정신을 가꾸는 데 큰 도움이 되었다.

● 서예 작품 해설

1. 民族念願祖國統一 : 우리 민족이 남북한 평화조국통일을 염원한다.
2. 滿招損謙受益 : 가득찬 것은 덜어냄을 자초하고 겸손함은 이익을 받게 된다.(書經에 나오는 말)
3. 積善堂前無限樂 : 착한 일을 많이 하는 집 앞엔 무한한 즐거움이 있고
   長春花下有餘香 : 봄날이 길어 꽃 피니 그 꽃 그늘에 향기 넘치네.
4. 城東有寺 : 재 넘어 동쪽에 절이 있는데
   境還眺曠 : 경관은 탁 트였고 광활하네
   山門如舊 : 산문은 옛과 변함이 없고
   松石無恙 : 소나무와 바위도 여전하구나

5. 晚泊高蘭寺西風獨倚樓 : 저물어 고란사에 배를 대이고 서풍에 홀로 누대에 의지하다.
   龍亡江萬古花落月千秋 : 용은 갔어도 만고 변함 없고 꽃은 졌어도 달은 천추 밝디 밝다.
   — 雪竹詩 白馬江 懷古(설죽시 백마강 회고)

6. 時來天地皆同力 : 때가 왔을 때는 온 세상이 힘을 다 합해 주더니
   運去英雄不子謨 : 운이 가니 영웅도 스스로 어쩔 수가 없구나
   愛民正義我無失 : 백성을 사랑하고 정의에 입각한 것이 내 잘못이 없건만
   爲國丹心維有知 : 나라를 위한 일편단심 그 누가 알리
   — 全琫準將軍詩(전봉준 장군의 시)

2. 인생 지각생 희망이 비치다 99

서예 작품

서력이 어언간 10여 년 되는 만큼 서체를 두루 써보았다. 한국서예대전, 신춘휘호대전, 한국서화예술대전, 정읍사전국서예대전, 갑오동학미술대전에 작품을 출품하여 입선한 경력도 있다. 그런데 2006년 5월경부터 건강이 안 좋아져 현재 붓글씨 쓰기를 중단했다.

아오지 탄광 동료 55년 만에 상봉

나는 일제말 아오지 탄광에서 같이 생활하던 동료를 찾고 싶었다. 귀향한 이후 그들과의 연락이 일절 끊어졌기 때문이었다. 먹고 사느라 바빠 만나 볼 엄두도 내지 못했는데 이제 나이가 들어 그들이 어떻게 살고 있는지 궁금하였다.

아오지에서 강제 노동으로 고생하던 동료 유말금(柳末金), 송봉학(宋奉學), 국중렬(鞠重烈), 임병선(林丙善) 씨를 찾기로 하고 1996년 2월 28일 무주군수와 무주경찰서장에게 서신으로 거처를 알려달라고 부탁했다. 그 결과 무주경찰서 민원실 이시종(李時種) 씨로부터 연락이 왔다. 부락별 성씨별로 조회한 결과 유말금 씨는 무주에 거주하다가 15년 전에 사망하고, 임병선 씨는 약 30년 전에 부산으로 이주하여 현재 그곳에 살고 있다고 했다.

나는 그들의 본적, 주소, 주민등록번호, 전화번호 등을 통보받아 그 후 몇 차례 전화로 안부를 전했다. 그리고 2000년 2월 12일(토)에는 부산시 금정구 구서 2동 175-3 동성보육원 내 임병선 씨 댁을 방문하여 55년 만에 극적으로 상봉하였다.

그와 함께 하룻밤을 지새우면서 지난날을 이야기하며 꿈같은 밤을

위, 무주경찰서 이시종
씨가 보낸 편지.
아래, 무주경찰서장
편지.

55년 만에 만난 아오지 탄광 동료 임병선 씨와 함께. 200년

보냈다. 임병선 씨는 나하고 나이는 같았지만 생일이 한 달 앞선 형님이었다. 그 다음 날 기념사진을 찍고 버스 편으로 귀가하였다. 그후에도 여러 차례 전화로 안부와 소식을 전하며 지내고 있다.

3. 회고록에서 못 다한 이야기

온 가족이 모여 촬영한 가족사진. 2007년 3월 10일.

할머니 품에서 보낸 어린 시절

생가(生家)터가 지금 남아 있습니까?
집은 안 남아 있죠. 땅은 거기다가 집을 지어 있는데, 지금 식으로 다 이렇게.

다 개조가 되어 있군요.
예. 개조돼서 다 현대식으로 이렇게 좀 지었죠. 예전엔 다 초가죠. 흙으로 쌓아 가지고 기둥은 목재가 들어가 있는데, 그 사이에 흙으로 만든 벽돌 마냥으로 그렇게 뭉쳐 갖고.

흙집이죠? 볏짚, 볏짚 섞어 가지고요?
예, 예. 그런 식이죠. 그런게 그때의 집이라는 것은 그냥 대개 나무 기둥에다가 흙으로 이렇게 쌓아서 대개 벽은 만들고 그랬죠? 그리고 인제 초가집. 금으로 되는 기와집 혹 거시기 했으면 부잣집이나 기와집이지. 농촌에서는 다 그냥 초가집이죠.

그 텃밭이 한 이백 평 되셨다고 그러셨는데, 그 앞쪽에.
예. 근데 정확하게는 모르는데 백오십 평 내지 이백 평 될 거요. 솔찬히 넓었어요. 그러니까 거기다가 여러 가지를 심죠. 거기다가.

할머니가 주로 농사를 지셨어요?
예. 호미로 인자 고르고, 거기다가 채소도 심고, 고추도 심고, 파도 심고, 모든 식량 겸사해서, 대개 식량으로 했죠.

논농사는 안 하셨어요?

3. 회고록에서 못 다한 이야기 107

논농사는 그 옆 동네 가서 별도로 몇 마지기나 될려나 잘 몰라요.

그것도 할머니가 하셨어요?
예. 할머니가. 그런데 직접은 안 했죠. 막 해서 인자 놉으로 인자.

할머니 소유의 땅이었나요?
예. 놉을 사서 거기다가 모를 심게끔 하고, 직접은 안 하셨죠.

그러면 논 몇 마지기는 가지고 계셨네요?
몇 마지기는 되죠. 그런게 저는 어려서 잘 모르고. 논이 있었다는 것만은 알아요.

그때 할아버지는 안 계셨습니까?
저는 할아버지를 보지도 못했죠. 서른한 살엔가 돌아가셔서, 저 낳기도 전에 오래전에 돌아가셨으니까.

논이라던가, 토지나 집이 다 할아버지 때 형성된 거예요?
예. 그렇죠. 할아버지 때부터 있었던 것인데, 할머니가 운영을 하고 그랬죠.

그럼 어머니하고 아버지하고 누가 중매를 서서 결혼을 하셨어요?
그것도 지가 잘 모르겄어요. 오래 돼 갖고 인자, 이렇게 지나간 일이라 중매를 누가 했는가 모르겠어요.

어머니 고향은 그러면 어디셨어요?
황산이라고요. 김제의. 솔찬히 [아버지 댁과] 떨어져 있죠. 거기에서 거까지는 가차우나(가깝지만) 한 십 리 거의 될 거요. 우리 살던 구수 동 거기서 황산까지는 한 이십 리.

중매하셔서 결혼하셨다는 것은?

그런 것은 잘 모르죠. 지가. 더군다나 제가 어렸을 때는 별거생활을 하시고 어머니가 계셨으니까. 어머니하고 아버지하고도 별로 거시기가. 제가 어리니까 [상세한 내막은] 모르죠. 근데 할머니는 활발한 편이고, 어머니는 내성적인 편이에요. 성격이. 그리고 근게 그 시어머니하고 며느리하고 사이에 별로[였던가 봐요].

안 좋았다고요?

예. 그렇지 않았는가. 인제 성격도 잘 안 맞고. 그런다가 아버님은 그렇게 깔끔허니 옷 입고 그냥 한복으로 신사복을 입고 구두 신고 그랬어요. 그때는 구두 신기가 좀, 농촌에서는 고무신 신고 그러지 구두 잘 안 신는데, 구두도 신고, 지가 기억에, 그리고 깔끔허니 거시기만 하고, 할머니가 밭농사도 짓고, 논농사는 인자 맡겨서 이렇게 짓지만.

아버지는 일 안 하셨군요.

예. 아버지는 그냥 무관심이요. 제가 삼대독자이지요. 아버지 손위 누님이 두 분, 밑으로 여동생이 계셨어요. 아버님이 장남이십니다. 아버님은 퉁소를 잘 부셨다고 해요. 깔끔허니 옷 입고 다니시기를 좋아하셨고, 어머니는 아까침에 얘기했던 그 김제역전 정미소 운영을 한 인척집이 있었는데. 별도로 살어서 몰랐죠. 그리고 그런 얘기를 할머니가 안 하니까 몰랐죠. 그러다 나중에 철 알아 갖고사 어머니가 계신다는 것을 알았죠. 그전에는 어머니가 계신지, 안 계신지도 몰랐죠. 어렸을 때는.

할머니가 재봉틀로 삯바느질 하셨다는 얘기도 쓰셨는데.
예. 바느질도 하고 그랬어요. 동네분들 옷을 지어 주고 근게 품삯으로 [받았어요]. 할머니가 지가 생각할 때, 품삯도 하고, 양복바지 같은 거를 가끔씩 어쩌다가 만들기도 하고 그랬어요. 손재봉틀로요. 그래가지고 삯 받고, 그런 기억이 나네요.

할머니는 일찍이 결단력이 있으셨던 것 같아요. 땅을 팔아서 김제 읍내에 목욕탕을 인수해서 운영을 했습니다. 당시 읍내에는 목욕탕이 두 곳이었는데, 우리 목욕탕은 역전에 있었어요.

할머니가 보시던 이야기책 같은 거 지금 안 가지고 계세요?
할머니가 보시던 이야기책이 있었는데, 할아버지가 손수 그 이야기책들을 쓰셨다고 그래요. 붓으로 이렇게 다 쓰셨어요. 근게 내가 요새 가끔 생각하는데, 진품명품 나오잖아요. 그런 데서 봐서, 백여 년 전에 할아버지가 돌아가셨으니까, 백 몇십 년 전에 고때 쓰셨다고 하니까, 갖고 있으면 참 가보(家寶)로 이렇게 거시기가 되지 않나. 그런데 하나가 아니라, 여러 권이 있었거든요. 그러면 할미가 그거를 읽고 동네분들이 밤에 와서 촛불 써 놓고 읽으면 웃고 걍 좋아하시고. 막 이런 광경을 제가 봤어요. 근디 그런 거시기(책)를 하나도 가지고 있지 않아요. 중간에 제가 그것을 뜯어 가지고 그 종이가 참 좋아요. 고걸로 지게 이렇게 차는 거.

아, 제기, 제기. [웃음]

제기네, 제기.

고거 만드셨군요?

예. 엽전 고놈에다가, 고놈 뜯어서 그 종이가 아주 좋으니까. 이렇게 해 가지고 제기 만들어 가지고 차고. 그래 갖고는 책을 다 없앴어요. 그런데 할머니가 나이도 많고, 책도 보지 않고, 근게 내가 그냥 뜯어서 [썼지요]. 그놈을 그때 한두 권만 뒀어도 참 지금 가보로 해서 [좋았을 텐데요].

아마 선생님이 붓글씨 잘 쓰시는 게, 할아버지 필체를 잘 쓰셨을 것 같애. 한글로 그걸 다, 그게 다 필사본이야. 내가 보니까 육전소설 그거 인쇄된 거가 아니고 필사하신 거네. 어디서 그 소설을 보고 필사하셨을까요?

어디서 빌렸겠죠. 빌려다가 필사를 하거든. 보통. 한문 같은 것도 지가 듣기로는 잘 쓰시고, 한글 책자도 쓰시고, 여러 가지 많이 쓰셨는게비데요. 근게 저 낳기 전에 오래전에 돌아가셔 놔서, 그것을 잘 모르는데. 할머니 보라고 한글로는 썼죠. 할머니가 팔십일년돈데(1881년생) 할아버지가 팔십삼년이네(1883년생) 그러니까 두 살 연상이구만요. 돌아가시기는 할아버지가 일구일사년(1914)에 돌아가셨네.

어렵게 다닌 학교

무슨 과목을 특별히 잘하셨어요? 국민학교에서 산수를 잘하셨는지,

아니면 뭐….

 저 특별히 잘한 것도 없어요. [웃음] 기억에 별로 없어요. 특별히 잘한 것도 없고, 그것은 일학년에 들어가 갖고 인자 거기도(자서전에도) 적었습니다마는 그 기억은 나요. 쭉 이렇게 줄로 서서 우리가 일조, 이조해서 반이 두 반베께(밖에) 없었어요. 근데 다른 데는 일조가 남학생이고 이조가 대개 여학생이죠. 절반 정도. 그런데 우리 학년 때는 일조 이조가 다 여자 분들이 숫자가 많해 가지고 절반쓱 여자분허고 남자분허고 이렇게 합쳐진 거시기였어요. 그러니까 두 줄로 이렇게 남자반하고 여자는 다시 두 줄로 서서 이렇게 따러가요. 그러믄 급장이 제일 앞에 서서 가고 그러믄 선생님들은 예를 들어서 보믄 교사믄 일본말로 딱 해죠. 그렇게 허고 화장실이믄 그때는 변소라 했웅게 일본말로 변소라 이렇게 일본말로 거시기 뭔 나무가 있으믄 뭔 나무라고 허고, 운동장에서 또 일본말로 허고 일본말로 명칭을 다 얘기해요. 인자 저도 따러댕김서 우리는 복창허죠. 이천사년도에 김제 들려서 그래 갖고 둔 것(성적표)가 어디 있어요. 뒤적뒤적 해서 나오길래. 혹시라도 이것도 일정 때 생활기록부니까 교과목 학과목 명칭도 일부 다른 것이 있고 그래서 참고가 되지 않을까 해서 보낸 것이죠. 그때는 제가 보기에 점수를 일에서 십 점까지 십 점이 만점이고 그런 것인가 봐요. 그렇게 점수를 줬는가 봐요. (구술자의 성적표를 보면 일학년에는 100점을 최고 점수로 평가하다가 이학년부터는 10점을 최고점수로 하였다. 갑을병과 수우미양가의 평가도 있다.) 육학년 때 (소화 17년)과목이 없어진 게 좀 있을 거예요. 조선어는 오학년 때 없어졌어요. 오학년 때 배우다가 그냥 말아버렸당게요. (구술자는 조선어와 산수를 잘하였다. 산수는 2학년 때 10점 만점, 3학년에는 9점, 4학년에는 7점, 5학년에는 8점, 그리고 6학년 때는 9점을 받고 일학년 때도 산수 성적이 제일 좋았다.) 석차수로 보믄 그냥 상급에나 (해당되지요). 한반에 칠십칠 명이나 있네요. 그때 나는 오륙십 명 있는 줄 알았더니 굉장하네. (소화 12년 3월 30일 1학년 때 학술우수 품행방정상을 받았다.) 당시 담임선생님이 편산, 가다야마. 가다야마 군이찌스(부인의 증언) 그때는 갑을병으로 나누어 가지고 갑을학교는 일학년부터 육학년까지 있고 병학교는 일학년부터 사학년까지 있어서 오륙학년이 되면 딴 데로 가야 해요. 시골에는 그랬어요. 육년까지 있는 학교가 시골에는 없었어요. 사학년까지 댕기고 군으로 가야 혀, 면단위에서는. 그리고 또 일본소학교는 별도로 있었어요.

그럼 그 당시 조한백 선생님은 우리말 가르치는 선생님이셨어요?

그때는 우리가 삼학년 때까지 조선말이 학과에가 있었어요. 조선어 시간이. 우리 반 고우식 선생은 피아노 음악 갈치고 그랬죠.

그렇게 번갈아 가면서요?

예, 번갈아 가면서. 그런데 제가 인제 기억나는 것은 고우식 선생이 내가 제일 앞에 줄에 앉았으니까 나보고 학교 교문 옆에 가서 기숙사가 있었어요. 가믄 나보고 가서 벤또 그때는 도시락을 벤또라고 했거든요. 벤또 가져오라고 그래요. 그래서 딱 가믄 준비허고 있어요. 그러믄 그놈 갖다가 게리고(드리고) 그런 기억이 있어요. 몇 번 지가 심부름을 [했었지요].

여선생님이 담임선생님이셨네요?
예. 담임선생이죠. 예 고우식 선생님이. 처녀 선생으로 알고 있어요. 아주 젊은 여자 분이었응게.

신사 얘기도 나오던데요. 성산이라는 데가 어디에요?
읍내 쪽.

지금 신사 터가 있어요?
거가 산이 있어요. 팔각 시청 뒤쪽에요. 이렇게 높은 산꼭대기에다가 관망대마냥 지어 놨드만요. 거가 신사터 자리예요. 거가 성산이요.

어떤 때 신사를 가셨어요?
그때는 일 년에 거기 가서 행사하는 날짜가 있어 갖고 그때 가서.

학교 안에는 없고요?
우리도 그런 뭣을 써서 붙였을 거예요. 그 세 가지가 있었든데, 뭐 고빠이메이쬬. 국제면책이라던가. 나이센이따이 내선일체, 닝고단넹 닌꼬단련인가 그런 것을 써 붙여 갖고 거시기 허고. 거기다가 오래 되아서 기억이 잘 안 난디 그때 일본기를 앞에다가 붙여 놨던가. 교실에 들어갈 때는 이렇게 허고 그런 기억이 있는 거 같으네요.

그 당시에 보통학교가 육년젠가요?
예. 육년제요. 육년젠디 이반까지 있었고 그런게.

전 학년이 다?
예.

그러니까 열두 반이네요. 다 합해서.
열두 반이죠. 네.

선생님들이 한 열댓 분은 계셨네요? 교장 교감 뭐 담임선생님들까지.
그렇죠. 그렇죠. 예. 예.

그 당시 조선어를 가르치는 선생님은 조한백 선생님 한 분밖에 안 계셨어요?
예.

다 일본인이었어요?
아니요. 한국인도 한 절반 삼분의 일 되는가. 절반이 되았는가. 나 그 숫자는 잘 모르것어도 여러분 있었어요.

그 당시 운동회나 소풍에 대해서 말씀해 주세요.
대개 가을에 소풍도 한 번쓱 가고 거그서는 황산을 갔어요. 그러고 김제 가믄 거가 뭔 절이 있었는데 백산면 쪽으로. 거그를 가고 이삼학년 조끔 학년이 높으면 저 거리가 멀어서 황산까지 갔었어요. 상당히 거리가 멀거든요.

보통 운동회를 허믄 종목은?
줄다리기도 허고 다름질(달리기)도 허고 여러 가지 했죠. 예. 저는 양 달리기 끝터리서 그런 정도였을 거예요.

구기 같은 거는 안 하셨어요?

그때도 축구를 했던가 어쨌던가 기억은 잘 안난디 그때도 저 쪼그만한 공 그것 갖고 막 축구허고 그랬어요. 운동장에서 쉬는 시간에 근데 그때 체육대회 혐서 했든가 어쨌던가 축구도 했을 거예요. 어쩌면 그때 끝터리 운동회가 끝나고 오후에 되믄 그 직원들, 선생님들 거시기(대회)가 있었어요. 선생님들 달리기가 있었는데 그때 조한백 선생님이 키가 크고 그런게 체격이 양 좋았어요. 키가 크고 그러다가 인자 해방돼 가지고 국회의원 당선되셨어요. 그런게 제자들이 많죠.

수학여행을 육학년 때 가셨다고 했죠?

예.

육학년 때 가실 때 두 반이니까 한 몇 명 정도 되려나?

수학여행 갈려면 한 백 명 정도 됐겠네요.

뭐로 갔어요?

그때 기차로. 기차 탄 것부터 좋았죠. 그때는 기차를 별로 안 타잖아요. 국민학교 그때는 보통학교라 했거든요. 처음에 우리 들어갈 때 인자 심상소학교로 되았다가 명칭이 국민학교로 되았는데, 국민학교 다닐 무렵에는 그냥 기차 타는 그때부터 좋았죠. 그때 한 삼일 [경성에] 있다 왔을 거예요. 여관 같은데 집단으로 이렇게 나눠서 방에서 자고 그런 것 같애요.

그 당시 코스를 보니까 조선총독부 건물을 보셨다고 쓰셨는데. 중앙청 건물?

예. 처음에 거그부터 갔어요. 갔더니 그렇게 큰 건물을 갑자기 보니까 걍 얼떨떨했죠. 어렸을 때. 남산도 가고 거가서 다른 데는 신사라고 헌디 서울은 조선신궁이라고 있을 거예요. 조센징구라고. 명칭을 신사라고 않고 거그는 신궁으로 아마 그러지 않는가 그런 기억이 나구만요. 그래서 거 무슨 인쇄소도 어디 신문사 인쇄소드만요. 신문사 가서 인쇄허는 방법 그런 것 구경허고 어디 백화점이 그때 육층이든가 몇 층이던가 그때. 고게 서울에서 제일 큰 백화점이었어요. 육층이던가 몇 층이던가. 그게 제일 큰 백화점이었어요. 서울서는 제일 큰 백화점으로 기억을 했어요. 혹시 더 큰 백화점이 있었는가는 몰라도. 그래서 인자 거기도 수학여행 때 가서 다 보고. 그래서 걍 사당코를 이층 삼층으로 올라갔다 내려갔다 막 그런 기억이 나요.

조선생님은 왜 김제에서 정읍농고로 옮기셨어요?

내가 그때 열등감이라고 허까 뭐라고 허까. 이런 것이 생겼어. 학교를 아오지 갔다 와서 사 년간 끓었으니까. 근디 이리로 다니믄 그때 그냥 이리(김제)로 다녔을 것인디. 이리로 갈라고 허니까 맨 후배들이 선배 아니여요? 사 년이 늦으니까. 그러고 보니까 제가 여그는 김제국민학교 나왔고, 여기 다니는 사람이 없거든요. 그래서 제가 여기를 희망한 것 같아요. 그래 갖고는 왔어요. 왔다가 어머니가 아파 갖고 학교를 그만둘 수 없응게 이리 농림으로 가 갖고 기차통학을 했어요. 그러다가 인자 난중 어머니도 돌아가시고 해서 신태인에 와 갖고 신태인 양

3. 회고록에서 못 다한 이야기 117

조장 허는 고모님 댁에서 살면서 또 기차 통학허고 그랬어.

전주상업고등학교를 졸업하신 걸로 돼 있더라고요?
예. 그때는.

이리농림을 졸업을 다 안 하시고?

오학년 땐가 육이오사변 났었어요. 그래서 늦게사 등록을 했더니 일 년 꿇어라 이것이여. 늦게 왔다고 그래서 인자 가정 형편이 이렇게 해서 어머니 돌아가시고 할머니 돌아가시고 나 혼자 돼서 이래 돼서 왔다. 늦다 그랬더니 담임선생님이 인정을 않고 일 년 꿇으라고 그러드라고 글 아니믄 일 년 쉬었다가 내년에 거시기 허라고 그래서 내가 글 안해도 사 년 늦어서 내가 열등감이 있는디 아 인자 또 일 년 꿇으라니까 그러믄 굉장히 늦어지잖아요. 그래서 어떻게 허든 좋을까. 해 갖고는 고모부님허고 상의도 허고 해 가지고 고모부님이 그때 전주로 막 그 인공 후에 빨치산들이 들락날락허고 막 그런게 신태인만 해도 약간 불안했거든요. 김제는 그냥 길바닥이라 조금 그런 거시기가 덜 했었는디. 그래서 인자 그때 상의를 해 갖고는 전주북중으로 제가 갔더니 자리가 없다 그래요. 전주북중은 그때는 전학하기가 정당한 이유만 있으믄 바로바로 막 자리가 비고 그래서 전주고등학교 갔더니 자리가 없다고 그래요. 그래서 인자 남중으로 갔어요. 그래서 남중 자리는 일정 때는 일본 아이들만 학교 다녔던 학교거든요. 그게 전주남중학교라 해서 그때는 고등학교 중학교가 없고 이렇게 중학교 육년제로 하는 그래서 헐 수 없이 거기로 갔죠. 갔더니 마침 이리농림학교 다닐 때 영어선생을 헌 분이 고리 전근을 와서 있데요. 그래 갖고 고리 그 선생님보고 그랬더니 아이 그래라 그러고는 자리가 있다 그럼서 전학을 받아 주드만. 그래서 고리 전학을 했죠. 졸업반 때 그래 가지고 거기서 일 년 있다가 온게 학제가 변경이 돼 갖고 인자 중학교 고등학교가 합쳐져서 거가 전주상업고등학교로 되었어요. 그래 갖고 제가 전주상업고등학교 일회 졸업생이죠. 명칭이 바뀌어 갖고 학제 변경으로 그런게 주판 한 번 잡어 보지 못하고 말하자믄 상업학교를 나왔다. 내가 그런 소리를 썼죠. 거기다.

전주상고가 선생님 다니실 때는 전주남중이죠?.

첨에 전학 갈 때는 남중이었죠. 근데 졸업헐 때 학제가 변경이 되니까 졸업반 때. 전주상업고등학교 일회 졸업생으로.

그 당시 일제시대 때 김제는 읍내죠?

예.

그때는 규모가 컸나요?

지가 어렸을 때는 극장도 있고 그랬지요.

그때 목욕탕 운영하시던 시절이에요?

목욕탕도 읍내 가서 있었고, 역전 가서 하나 있었고 그랬죠.

할머니가 운영하시던 목욕탕 외에 또 하나 있었어요?

예. 우리는 역전에서 했고, 읍내 가서 또 있었고. 읍내 거시기 그 거리가 근 이 키로(2km) 가까이 되어요. 한 이 키로 되니까, 거리가 머니까 별도로 있었죠. 병원도, 의원도 왕씨 [성을 가진] 한국 사람이 하는 병원이 하나 있었어요. 그리고 또 일본 사람이 하는 병원도 있었을 거요.

영화관에서 영화 보신 적은 없으세요?

거 가서 봤죠. 지금 기억나는 것이 시나 노 요루 (지나의 밤), 또 와레니 산넹 니조와리 뭐 그런 영화. 일본 영화죠. 그때는 전부, 아! 한국 영화도 가끔 허기는 허는데 일본 영화도. 시나 노 요루라함은 그때는 중국을 시나라고 그랬어요. 요루는 야(夜), 지나의 밤. 중국허고 전쟁을 한 번 했었거든요. 해방 전에. 그때 지나사변이라고 했어요. 그때는 중국이라고 않고, '시나'라고 했어요. 고다음에 또 하나. 와(わ)자를 어떻게 쓰더라? 일본어도 인제 잊어 버렸나 봐요. 와래, 한글로 써야겠네요. 와래니(われに), 니자 이렇게 쓰면 될란가? 나에게 삼남 이녀가 있다. 이런 얘기죠. 근데 그때는요. 영화 제목도 이렇게 [삼남 이녀라고] 있었지만, 그때는 삼남 이녀 둔 것을 가장 이상적으로 했어요. 그러고 한참 때는 장려도 했어요. 대동아전쟁 이후 제2차 대동아 [전쟁이] 있을 때는 아이들을 많이 낳겠끄름 [했지요].

많이 낳게요?

예. 낭중에 크면 군인이라도 하기 위해서 많이 장려를 했지요. 출산 장려를 한 기억이 나요. 그래 갖고 많이도 낳고 헌디, 그때 이상적인 자녀 수는 삼남 이녀가 있으면 아주 이상적인 출산율이라 이렇게 생각했죠. 그 무렵에. 글쎄 영화 제목도 이렇게 해서.

한국 영화는?

한국 영화는 그때 뭐 있더라? 기억이 잘 안 나네요.

혼자 가신 거예요? 미성년자는 잘 안 집어넣었을 텐데? 그 당시에?

예. 그래서 몰리(몰래)도 들어가서 보고 그랬죠. 미성년자 금하는 거시기가 있었어요. 그러면 몰리 들어가서 보고 그랬어요. 입장 불가한 그런 영화들이 많이 있었어요. 그래서 어떻게 해 갖고는 막 그냥 친구들하고 그랬던가, 몰래 어디 옆에 뜯어 들어가서 몰리도 [들어가고] 그 당시는.

저도 많이 그랬는데. [웃음]

그런 기억이 나요. 못 보게 하니까. 돈이라도 어떻게 집에서 마련해 갖고 와서 보는 영화가 있어요. 근게 고런 것은 거시기 한데, 소년 입장 불가가 있었거든요. 고런 것을 몰래 어디로 옆댕이 어디로 같이 들어간 기억이 나요. 한두 번 다른 아이들하고 같이 둘이 같이 막 받치주면 넘어가 갖고, 들어가고 그런 기억이 나요.

양조장에서 술배달하던 시절

오십일년도에 인자 어머니, 할머니 돌아가셨으니까요. 근게 그래 갖고는 나 혼자 갖고는 어디 의지할 데가 없으니까.

그래서 고모네 집에 가셨나요?

예. 고숙댁에서 양조장 하면서 쪼끔 해방 후에는 양조장이 허면 경기가 좋았었거든요. 인자 먹고 살기가 괜찮으니까 나를 데려다가 학교도 갈치고 그랬죠. 그때 양조장이 둘이 있었어요. 두 간데 있었는데,

저짝은 중앙양조장인가 이름이 그러고. [고모네는] 평화양조장이라 그런 것 같애요. 그래서 저짝 양조장 주인은 그때 국회의원을 나왔던가 어땠던가.

양조장에서 배달 다니고 그랬다고 하셨는데, 어디를 배달 다니신 거예요?

그때 막걸리 파는 주점은 그때는 이렇게 벌려 놓고는 막걸리 파는 집이 많이 있었어요. 음식도 겸사하지만, 막걸리만 파는 집도 그때는 많았어요. 그때는 술이라고 하면, 소주네 그런 것은 별로 없고, 고급술이 인자 약주라고 해서 막걸리를 더 걸러내 가지고 아주 맑게 [만드는 것이었죠]. 고급술이었어요. 그래서 대개 양조장에서는 두 가지를 다 하죠. 어느 양조장이건 두 가지를 허지요.

보통 몇 집이나 다닌 기억이 나세요?

이삼십 집, 양조장이 잘될 때는 한 사십 집. 자전거로 [배달]했죠. 그때는 순전. 오토바이를 그때는 별로 사용 안 했으니까. 자전거를, 자전차라도 이런(현대식) 자전차가 아니고, 짐 싣는 자전차가 있어요. 뒤에 싣는 데도 이렇게 넓게 되어 있고, 다이아(바퀴)도 좀 굵고, 짐자전차가 그때 있었어요. 근데 고놈에다가 [술통을] 양쪽에다가 걸고. 목재로 만든 나무통. 그때는 대개 나무통에다가 [술을 배달했지요].

한 집에 얼마씩을 갖다가 배달하신 건가요?

닷 되도 있고, 한 말짜리도 있고. 통이 크고 적고 그러죠. [주점에서는] 하루 종일 갖고 가서 팔고, 그 이튿날까지도 팔고 그러죠. 그럼 연락이 떨어지면 오죠. 그러고 아침에 배달허고 저녁 때 수금허러 가고. 그런디 안 팔리고 좀 거시기 한 사람은 그놈 팔어 가지고는 바로 현금으로 안 줬어요. 외상으로 대고, [그러면] 장부에다가 정리를 하죠. 어느 날 얼매가 돈 떨어졌다. 미수되었다. 이렇게 하면 한 집에 통장이 다 있어 가지고 얼마가 밀려 있다는 것이 나타나죠. 근게 양심적인 사람은 팔어 갖고 저녁 때면 주고, 그 이튿날 주고 그러는데 어떤 분은 걍 잘 술값을 잘 안 내고 술만 가져가요. 그래 갖고 외상이 많이 밀리는 집도 있어요.

배달 다니실라면 힘드셨겠네요.

배달원이 스무 사람 되었죠. 그리고 먼 데 가고, 막 여기저기 뛰어 줄 때는 말수레 거기다가 술통을 그렇게 두 말짜리, 한 말짜리 이렇게. 그러고 가다가 여러 간 데를 줄 것 아니에요? 그러면 열 집 줄 치를 실어 갖고 먼 데까지 가요. 그 사람은 아침절에 가면 낮에나 오고, 저녁 때나 오고 그래요. 가차운데 배달 가는 사람은 자전차로 배달을 하고.

양조장에는 일하는 사람이 몇 사람이나 있었어요?

양조장에 술 만들고 하는 사람이 한, 둘 두었을 거시고, 그 사람들도 배달도 협조를 해요. 시간이 있으면. 배달 힐 때는 배달허고, 배달이 잘될 때는 네 명, 다섯 명까지 있고, 별로 안 나갈 때는 인자 서너 명. 그때 신태인에서 힐 때 보면, 아래층에 가서 말 우맛간이 있었어요. 그런게 지금 같으면 자동차에다가 [배달을 할 텐데].

멀리 갈려면 막걸리가 상할 수도 있었을 텐데요,

나무통이라 괜찮아요. 나무통이 이렇게 두터워요. 새지도 않고, 튼튼허죠. 두 말짜리. 닷 말짜리까지는 없었는가 있었는가 몰라도 하여간 네댓 말, 그래서 질 좋은 것이 한 닷 되 들어가는 거, 쪼그마한 거 인자.

쌀 막걸리였죠? 그 당시에는 전부?
예. 쌀로요. 쌀로 인자 누룩 넣어서.

쌀이 좀 귀하지 않았을까 그랬는데.
그때는 쌀은 시장에 가면 얼마든지 사고 그랬어요. 쌀 가지고 복잡하고 그런 거는 없었어요.

근데 왜 고모부님이 그걸 그만두셨어요?
육이오사변이 나 가지고는 곳에 따라서 빨치산이 왔다 갔다 하고, 불안해요. 대개 있는 집을 밤에 오면, 내려오든지 하면, 하산해 갖고 먹을 것 가지고, 이불, 의복 같은 거 가지고 그랬잖아요. 식량이라든지, 돈이라든지 뭐 이런 거시기가 있으니까 맘이 불안하죠. 그러니까 전주로 이사를 해 버렸어요. 낭중에 처분허고.

처참했던 아오지 탄광생활

아오지 탄광 생활하고 귀국과정을 좀더 자세히 이야기해 주세요.
아오지 탄광은 아깝세 거그가 객지고 또 틈이 있어 가지고 일 년 내동 토요일 일요일 공휴일 없어요. 일 년 내동 석탄굴을 매일 가야 한 게 피곤허고. 그때 아오지역에서 내려 가지고 거까지 간 기억만 나지요. 나중에 해방되어서 구경도 하고 그런 거시기만 있지 지리를 잘 몰라요. 그때 아오지역에서 내려 가지고 뭔 트럭을 타고 간 기억이. 걸어갔든가 그래 가지고 탄광까지 갔어요. 거리도 잘 몰라요. 기억에 사오 키로 되지 않았었는가 해요. 거기 아오지 탄광까지는 그래서 트럭을 탔든가 걸어갔든가 기억도 잘 안 나네요. [웃음] 가면서 보니까 좌측에 비행장 하나가 있데요. 조그만한 비행장이 있던 것이 기억이 나고 그렇게 해서 아오지 탄광은 산 중턱에가 있기 때문에 언덕져서 올라갔어요. 그래서 거기 올라가서 보면 아오지 옆쪽이 저짝이단 것만 나타나지 거기가 중턱이라 경사져 가지고 좀 중턱이거든요. 거가 아오지 탄광이 있고 탄광 옆에 가서 우리 식당 말하자면 하숙집이라든지 고런 집이 한 열댓 채 있었어요. 배급소 있었고. 점포는 구경을 못했어요. 거기서 나가 보도 안 했지만.

그 당시 아오지 탄광은 개인 꺼입니까?

그런게 어느 회사에서 허지 않았는가. 제가 기억에는 조선인조주식회사라고 허는 것이 거가 있었지 않은가 이런 생각이 들어가요.

인조? 인조는 뭐라고 그랬을까요?

사람 인자고 조짜 만든다는. 내가 생각허기는 조선인조석유주식회사인가 그랬어요. 인조석유라고. 요런 회사가 그때 회한 가서 있는 거 같애요. 그래 갖고는 석탄을 갖다가 눌러서 기름도 짜지 않는가. 거기 석탄이 좋았어요. 질이 가볍고 우리가 몰라도 거기가 한 일 년 있어서 알지만 (석탄이) 좋은 것은 가벼워요. 그러고 윤택이 빤딱빤딱해요. 불에 잘 붙어요. 질이 좋아서 그런데 그 석탄허고 그 흙더러기라고 해서 점톤데 고 사이 이렇게 보믄요 어쩔 때 그 안에서 그런 것도 기념으로 하나 가졌으믄 쓰것는디, 잎이 있어요.

아! 화석.

화석, 거그 말허자믄 잎은 없는디 거가 짜꾸가 나있어요. 백 메타 이백 메타 저 밑엔디 말이여. 그 석탄층 가서 어쩔 때 그런 것이 참 신기허다 어떻게 나뭇잎사구가 판 마냥 백혀(박혀)갖고 있으까 그런 것을 본 기억이 있어요. 그래 갖고 서로 보고 이런 것이 있다고 신기해 허죠. 백 메타 이백 메타 저 땅속에 가서 탄 거시기로 버럭흙이라고 점토로 되아 있는 사이로 잎사구가 딱 백혀 있어요.

나무가 딱 화산이 덮치면서 그 잎사구 자국이 바우에 나는 거죠.

예. [아오지 탄광에] 가고 나서 들은 얘기지만 무슨 가슨가 우리는 화학은 잘 모르지만 거가 가스가 찬데요. 근게 환풍기로 바람을 막 순환시켜서 빼요. 만약에 그렇지 않고 있으믄 사람이 들어가믄 질식해 갖고 쓰러져서 죽어요. 그런게 공기 환기를 꼭 시키고 그 안에까지도 도라무통 마냥 쭉 허니 공기를 환기시켜요. 근데 한번은 [더 이상] 석탄을 안 파고 파먹고는 냅두는 데가 있거든요. 그런 데는 못 들어가게 중간에다 게시를 해 놓죠. 들어가지 말라고. 그런데 거 가서 담배는 일체 못 펴. [탄광에] 들어갈 때 신체검사를 해요. 담배, 성냥 일체 못 갖고 가요. 그런데 고 안에서 한 번 폭발이 생겼데요. 그래 갖고는 탄광에서 폭발이 생겨 갖고는 어작나고 사람이 많이 다치고 죽고 그랬다고 우리가 가기 전에 그랬는데, 몇 년 전에 그랬는지는 몰라도 그렇게 한 번 폭발한 일이 있다고 그래 가지고 부상당한 사람이 있었어요. 이렇게 흉이 있데요. 흉이 막 저 가지고 그런 사람은 특별대우를 하는갑데요.

당시 광부가 일본인들도 있었습니까?
저는 일본인은 못 봤어요.

관리인들만?
관리인들은 일본인이고 한국 사람도 관련 있는 사람이 있는가 어쩐가 몰라도 주관허는 사람은 일본 사람이었어요.

광부들은 전부 다 조선 사람?
[광부들은] 주로 조선 사람. 탄광이 어긋나지 않도록 거기서 동발을 세우거든요. 큰 나무를 이렇게 해 갖고 근게 목수가 허죠. 그렇게 해서 나무로 우에서 주저앉지 않도록 하는 사람들도 죄다 한국 사람이었어요. 실제 일허는 사람은 열두 시간씩 교대를 했어요. 왜그냐믄 탄을 싣는 탄차가 있었거든요. 그것을 예를 들어서 오늘 사람을 열이믄 열, 몇 명이믄 몇 명 딱 맡겨요. 그래 갖고 오늘 삼십 차를 허라, 이십 차를 허라. 인원수를 조절해서 책임량을 맡겨요. 그 양을 많이 하라그니까 그놈 실어 버리믄 기술자들이 구멍 뚫어서 폭파시키는 그 사람들은 별도여. 그 사람들이 와서 구멍 뚫어서 폭파하고 후딱 실어 놔야 또 폭파시키고 그러거든요. 그런데 그것이 분량이 많으니까 열두 시간 내동해도 빨리를 못해요. 근게 [책임]양이 적을 때는 빨리 해 가지고 조끔 열 시간만 하고 가기도 헌디 양이 많으니까 다음 교대 올 때까지 하게 되죠. 우리는 열두 시간이여. 두 교대배께(밖에) 없어요. 거그는. 세 교대는

3. 회고록에서 못 다한 이야기 127

야달(여덟) 시간쓱 헌다든지 이러면 세 교대로 허는디 거그는 열두 시간.

그러면 밤새 하는 사람도 있겠네요?

그리여. 밤새 내동 낮에 가서 아침에 가 갖고 해질 때까지 허는 사람이 있고, 인자 또 밤 내동 야간허는 사람도 있고 낮에 허는 사람도 있고 두 교대죠. [탄차로] 이렇게 가 갖고 요짝으로 대여섯 간 데가 있고 요짝으로 대여섯 간 데 이렇게 들어가고 그러니까 십여 명씩 잡드라도 열 간데믄 백 명 되죠. 교대허고 허니까 한 이백 명 되지 않은가 이런 추측이죠. 제가 인자 인원수는 알 수 없고, 백오십 명에서 한 이백 명 일허는 사람, 동발 세우는 사람, 구멍 뚫어서 폭파 다이나마이트 쟁여서 폭파시키는 사람, 우리가 싣는 것은 저짝에서 밀어다 주믄 거기서 연결해서 끌고[오죠]. 요런 철사줄이 있어요. 그놈 거기서 끌어서 위로 올리죠.

그러면 식사는 어떻게 허셨어요?

도시락 싸 갖고 그 안에서 먹죠. 그런게 그냥 짐승 같으죠. 회암동 가믄 공중목욕탕이 있는데, 거기는 공중목욕탕도 없고. 그냥 새깜허죠. 싯쳐도 안 싯쳐져요. 그것이 따순 물로 잘 거시기를 해야 하는데 공중목욕탕이 없응게. 우리가 시월달에 갔는데 벌써 싸늘허게 춥고 얼마 안 있은게 눈 오고 그래요. 여기보다 한두 달이 빠르죠. 추워서 우리는 외출도 안 허고. 세수나 이렇게 하고 먹고 자고. 옷도 한 벌 처음에 갔을 때만 지까다비라고 해서 작업화가 있어요. 작업신이죠. 지까다비 고것을 한 켤레 주고, 푸대 같은 우아래(위아래) 옷 한 벌 허고 그러고 [머리에다] 거기다 헤드라이트를 꼽도록 돼 있어요. 그러고 줄로 해서 허리끈에다 매게 돼 있었어요. 그러고 모자 하나 줘요. 근데 모자가 아래만 짱짱허지 욱은 보통 베로 짱짱허니 되았어요. 다 철로 된 것이 아니고, 그때는 철이 귀해 가지고는 나이롱으로 만들은 그게 모잔가 베여. 그렇게 하나쓱 처음에 주더니 난중에는 일체 배급이 없어. 고놈가지고만 [사용하니까] 그런게 옷이 난중에 요것이 뭔 수가 있는고 허니 뒤에서 차는 것이 액첸데 그 헤드라이트 불 허는 그게(액체가) 어쩌다 좀 새요. 그러믄 이런 베 같은 게 다면 다 녹아 버려. 그러니까 [옷을] 다 꼬매죠. 집에 와서 꼬매고 그러고 양 새까만 옷 그놈 한 벌만 가지고 몇 달을 입으니 이가 끌어 갖고는 이 잡는 것이 일이요. 우리는 열일곱 살 땐가 어렸을 때 국민학교 졸업 맞고 일이 년 있다 갔응게. 한 삼십대나 사십이 조끔 못 되나 한 사십 되는 사람이 두서너 분 있어요. 그러고는 죄다 우리 어린아이들이었어요. 그런게 그분들이 잠을 못 자게 해요. 괜히 이를 잡고 자라고 근게 매일 이 잡는 굿이여. 그런게 인자 옷도 꼬매야 하고.

일 열두 시간 일하시고 나와서 또 이 잡느라고 못 주무시겠네.

고것 때문에 십분 이십분씩은 밥 먹고 그런게 인자 옷도 꼬매야 하고 그러고 이 잡고. 근데 난중에는 가랑이 같은 거는 옷을 꼬매서 두툼헌게 어떻게 잡도 못해요. 근게 뭔 수가 있는고 허니 거기 석탄이 좋아 가지고 석탄을 불을 화로에다가 피워요. 불에다 대면 고런 것들이 나와요. 쪼그만한 것들이 그러믄 털어. 그런 것이 작업이여. 글 안 허믄 걍 근지라서 못 잔게.

두 벌이라도 줘야 갈아입지. [웃음]

갈아입어야 한디 안 줘. 그런게 아주 그런 작업복도 양 배급을 주지 못헐 정도로 형편이 복잡했던가 벼요. 일정 때 해방 일 년 전 이니까. 일 년 전인데 그때도 막 우리가 김제서 살 때요. 그때 고물 쇳조각 있으믄 다 내라고 허고 한국 사람 식기 그릇도 있죠? 그런 것도 공출허고 그랬어요. 글고 김제역전 가서 무슨 지점인가 은행 하나가 있었어요. 근데 보기 좋게 허느라고 돌을 몇 간데 네모진데 건물 가상에다 세우고 거기다가 철로 이렇게 해 갖고 걸어 놓고 그랬어. 근디 고것도 뜯었어. 그런게 철이 그때 아주 귀했든가 비여. 그래서 지금 생각해 보믄 대동아전쟁 끝날 무렵 됨서 철도 귀해 가지고 공출을 강제로 해 가고, 시설물도 다 뜯어 가고 그런게 아닌가 하는 생각이 들어가요.

그러면 화장실은 어떻게 허셨어요? 열두 시간 막장에 들어가시면 소변도 마려 우시고 화장실도 가고 싶고.

그런게 가믄 이렇게 파먹은 자리가 여러 간데여. 인자 실제 일헌 자리도 몇 간데 있지만 거그 가서 또 쑥 한 오십 메타 백 메타 들어가고 또 옆에도 막 가고 안에 가서 [보면] 그래요. 근데 일 안 헌 자리가 위험 허잖아요. 인자 그런 용변 보고 묻어 버리고 그러죠. 화장실이 없응게. 인제 지금 같으면 화장실도 만들어 줄란가 모른디 그때는 양 화장실이 없었어요.

지금은 그렇게 열두 시간 장시간 노동은 안 시키겠지요.

지금은 그렇게 헌다고 허믄 아. 그리고 지금은 쉬는 날이 있잖아요. 일 년 내동 쉬는 날이 없어요. 근데 한 번은 몇 달이 지냈어요. 거그 다

적어 놨는데 [돼지고기를 어떤 분이] 밀살을 했어요. 돼야지가 거 아래서 있고 거 위에다가 화장실을 사람이 해요. 글믄 그놈이 뚝뚝 떨어지면 그놈을….

똥돼지?
아, 거그는 그렇게 키우데요. 나 거그 가서 처음 봤네.

제주도에서 옛날에 그랬어요.
아, 제주도에서도 그렇게 해요? 거기도 간게 그렇게 허고 있데요. 아 근디 밀살 그런 거 그때 잡을 때도 함부로 못 잡아요. 근데 허가 내 갖고 어떻게 잡었는가 그럴 판인디 잡었다고 그래요. 그래서 몇 근을 사다가 소주를 한두 병을 어디서 사 갖고 왔어요. 그래 가지고 인자 그놈을 놓고 먹었어요. 근데 고기를 워낙 안 먹고 밥허고 시라기국허고 그렇게만 먹다가 갑자기 기름기가 들어간게 막 설사를 해요. 그래 갖고는 보데껴서 그 이튿날 일을 안 가믄 쓰것는디 아 죄다들 일 나가네. 근디 나는, 제가 술이 약해요. 술도 못허고 근디 술 한잔 허고 그러논게 더군다나 술 허고 그놈을 했더니 설사를 허고 막 뱃속이 소화불량 돼 가지고 도저히 못 나가것어. 그래서 나는 걍 빠져 버렸어요. 그러고 딴 사람들 가고 걱정을 허고 그랬더니 쪼끔 있응게 일본 관리인이 '고노야로 빠가야로' 막 그러더니 일본 우리나라 같으면 이 새끼 저 새끼 욕지거리 아니요. 그러더니 걍 구두를 신은 채 방으로 들어와요. 그러더니 나를 발로 탁탁 차요. 그 기억이 나. 발을 탁탁 참서 "어째서 일 안 나가냐?" 그러면서 억지로 끌고 가요. 막 그래서 억지로 끌고 가서 그래서 그날 일을 헌 그런 기억이 나요. 그런게 노예나 한가지죠. 구두

신고 방에 들어와서 발길로 차고

임금을 하나도 못 받으셨을 텐데 소주 살 돈이 있으셨나 보네?
그때 어떻게. 나이 많이 먹은 사람들이 그 주인한테 어떻게 해서 돈을 끼었는가 현금 가지고 있는 것이 있었든가 하여튼 그런 생각이 나요.

조 선생님은 하나도 안 가지고 가셨죠?
그때 난 돈이 여유가 있었으면요 월급이라도 한 달치라도 줬으면 그놈 가지고 도망쳤어요. 나는 체격도 적고 헌게 그놈 가지고 살살 피해서 도망해서 올 수가 있었죠. 국경지대여서 말 탄 일본 군인들이 많이 있었어요. 군인들이 말 타고 순찰허고 쫙 댕김서 경계허고 다니고 그런 것을 많이 봤어요. 근게 그놈 여비 해 가지고 밥만 사먹을 수 있으면 거가 오래 있지 않고 도망왔죠.

해방 후 호적협회 서기로 일하다

저는 젊은 시절 하시던 일 가운데 흥미롭다고 생각했든 게 호적계에서 정리하셨다고 하셨잖아요?
예.

창시개명한 이름을 다시 우리 이름으로 하느라 굉장히 바쁘셨다고 하셔서 그때 상황을 좀 이야기해 주세요.
[이름만이] 아니고 생년월일이네 날짜 같은 것도 일본 거시기로 다 되아 있거든요.

대정이니 소화

명치 대정 소화 그렇게 다 연호가 되아 있어요. 그런게 전부 누구든지 다 해당이 되죠. 전부가 생년월일이라든지 연호가 전부 대정 나이 많이 먹은 사람은 명치, 글안허믄 또 한국 것이 있기는 있데요. 그전 것인가 더. 인자 고것을 단기로 싹 고쳤거든요.

단기로?

네. 그때 단기로 고치라는 뭔 규정이 나왔었어요. 그래서 인자 그렇게 했는디. 지금 또 서기로 [고쳤지만] 나중에. 그 당시에는 단기로 다 고쳤어요. 연호를 그러고 인자 창씨를 그 빨간 거시기로 요렇게 쪼그만 도장 있어요. 고놈 요렇게 해 갖고는 그 옆에다 찍고 본 이름으로 성으로 거시기 헌다고 우에다 그 내용을 적은 도장이 있어요. 그놈 딱 도장을 찍고. 그렇게.

그 당시에 이름을 본인들이 와서 신고를 했어요?

성씨는 신고 않고 전부 본 우리.

성씨는 아는데 창씨개명하는데 성씨도 완전히 같은 사람이 있었잖아요?

이름은 그전 한국 이름이 있고 이렇게 한 사람은 그냥 거시기로 했는디 어린 애들 같은 것은 일본 이름으로 되아 있죠. 그런 것은 고치들 못허죠. 그런 것은 나중에 와서 거시기를 내믄 한국 이름으로 고치고 그랬어요.

사십육년경에 급사를 하시다가 채용되었나요?

고것이 몇 달에 끝난 것이 아니고 워낙 분량이 많기 때문에 언제까지 했는가는 모르것죠. 제가 거시기 헐 때는 사십오년 육년 대학 바로. 그래 갖고 그것이 나중이 숫자가 많고 허니까 언제까지 계속 되았는가는 난 몰라요.

시작은 그때 하신 거죠?

예. 해방되면서.

시험 봐서 들어가신 걸로 되어 있어요.

시험 본 것이 아니라 그때 채용이 되아 버렸죠. 그때 급사를 했는데 얘기를 했더니 고것을 뽑는다고 희망을 했더니 채용이 되았죠.

정식 명칭이 무슨 서기라고 돼 있더라고요? 서기?

호적협회 서기라고 했든가 그렇게 됐을 거여. 김제군이든가 김제읍이든가 잘 기억이 안 난디, 호적협회 서기.

일시적으로 생긴 기관이 임시기관이었나요?

그때 임시적으로. 수정 끝나 버리면 그것이 없어지잖아요. 헐 일이 없죠. 인자 그러믄 그때 그 사람이 정식 호적 서기로 호적계 직원으로 채용이 될 테죠. 그렇게는 했을 테죠. 저는 중간에 허다가 그만허고 나왔으니까.

후기

내 생애의 전반기는 고난의 연속이었다. 어려운 가정에서 태어나 유년기를 보냈고, 청소년기에는 일제 말기의 무력적 식민지 정책에 속아 아오지 탄광에서 고통스러운 지옥 생활을 하였다.

1945년 8월 15일 해방과 함께 시작된 미국과 소련 간의 다툼, 좌우익 간의 치열한 정치적 투쟁에 끼어 해방의 기쁨도 느끼지 못하던 차에 6·25동란으로 또다시 힘든 시절을 살아야 했다.

그런데 벌써 팔순이 되었다. 퍽 긴 것 같으면서도 짧은 것이 인생살이다.

나는 이름 없는 보통사람들의 삶을 살아왔기 때문에 회고록을 쓰는 것은 생각도 하여 본 적이 없다. 그런데 2006년 8월 2일자 전북일보에서 "자서전을 씁시다"라는 글을 읽었다. "일제시대와 6·25전쟁 등등으로 이어지는 크고 작은 사건들 속에서 한국의 민중들은 어떤 형태로든 상처를 입을 수밖에 없었다. 이제는 할아버지 할머니가 된 그들의 마음속 깊이 넣어둔 삶의 응어리들은 그것이 자서전으로 복원되는 한 한국 현대 생활역사 자료의 귀중한 보고가 된다"는 내용에 공감을 했다. '20세기민중생활사연구단'에서는 민중자서전을 공모하여 수집하고 있다는 기사를 읽고서 다행스럽게 보잘것없고 빈약한 내용의 회고록을 쓰게 되었다.

가계도

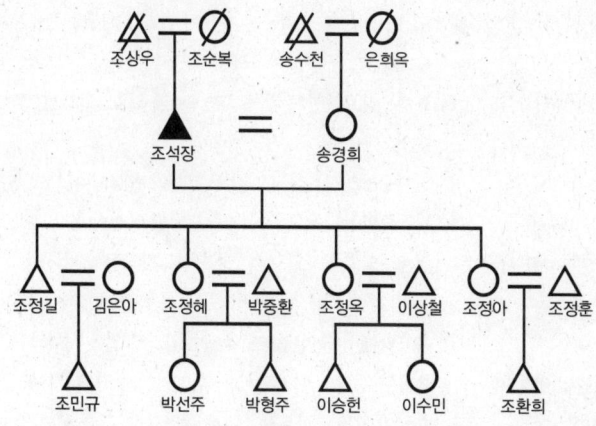

△ 남자
○ 여자
／ 사망

연보

1928년 8월 6일	(음 6월 20일 출생) 전북 김제군 김제읍 서암리(全北金堤君金堤邑西菴里) 66번지 구수동 마을에서 출생하다.
1936년(9세)	김제중앙보통학교 입학하다. 9세에 입학. 일학년 2학급으로 운영.
1938년(11세)	김제중앙심상호학교로 학교 명칭이 변경되다.
1941년(14세)	김제중앙국민학교로 다시 학교명칭 변경되다.
1942년(15세)	김제중앙초등학교 졸업. 상급학교 진학을 포기하다.
1942년 가을	할머니가 김제역전 근처 공중목욕탕을 매수하여 이사하다. 목욕탕에서 할머니를 도와 종업원으로 일을 시작하다.
1944년 10월(17세)	목욕탕 경영이 어려워지다. 취업사기에 걸려들어서 전북 무주군에 위치한 근로보국대로 끌려가다. 그후 충북 영동을 거쳐서 서울역으로 갔다. 서울에서 원산, 함흥을 지나서 함경북도 경흥군 아오지읍 용연동에 위치한 '아오지 탄광업소'에 도착하다. 합숙생활을 시작하다.
1945년 8월 15일(18세)	해방이 되어서 9월 초에 귀향하다.
1945년 9월 하순	도보로 귀향 시작하다. 함흥역에서 노숙을 하며, 원산에 도착하다. 이때 원산은 이미 소련군이 점령하고 있던 터여서 이남으로 가는 귀향 피란민을 통제하므로 감시를 피해서 동

	두천을 거쳐서 서울에 도착하다.
1945년 10월	중순경 김제에 도착하다. 아버지의 사망(1945년 6월 2일)소식을 듣다.
1945년	늦가을-초겨울 보따리 쌀장사를 하다. 김제와 용산을 오가며 쌀을 팔아서 생계를 유지하다.
1945년 12월경	읍사무소의 급사가 되다. 일하면서 김제중학원 야간부 1학년에 입학하여 학업을 계속하다. 급사를 그만두고 김제읍 호적협회로 자리를 옮겨, 호적계의 말단 서기가 되다. 서기직을 사표를 제출하고 다시 학교에 입학하다. 김제중학원 야간부 2학년에서 정읍농업중학교 2학년으로 전학하다.
1946년(19세)	어머니가 정읍으로 이주하여 어머니와 함께 살다. 3학년 재학 중 이리농림중학교로 (3학년 2학기) 전학을 하다. 4학년 때 작은 고모부가 할머니에게 김제역전 옆 마을에 초가집을 사드리다.
1950년(23세)	한국전쟁이 발발하다. 7월 하순경 김제가 공산치하에 들어갔다. 잠시 황산에서 사는 큰고모집으로 피란을 갔다오니 가재도구 일부를 도난당하기도 했다.
1951년 7월(24세)	할머니가 노환으로 고생하시는 동안 어머니 병세도 악화되어 7월 14일 45세 나이로 세상을 떠나시다.
1951년 8월	할머니가 71세로 8월 20일에 별세하셨다. 신태인의 고모부댁으로 가서 살기 시작하다.
1952년 3월 25일(25세)	이리농림중학교에서 휴학을 종용하므로 전주남중학교로 전학을 가다. 학교가 명칭이 바뀌면서 전주사업고등학교를 졸업하다.
1952년 5월 1일	전북대학교 농과대학 농학과에 입학하여 1956년 6월 8일에 졸업하다. 전북대학교 졸업 후 공무원 채용시험 준비를 하다.

1958년 1월 2일(31세)	고모부의 친구분 소개로 당시 교사였던 아내 송경희를 만나서 뒤늦은 결혼을 하다.
1959년 10월 22일(32세)	큰딸 정혜가 태어나다.
1961년 11월 30일(34세)	큰아들 정길이 태어나다.
1963년 6월 1일(36세)	산림조합 기사직에 응시하여 합격하고, 곧 바로 정읍군 산림조합에 발령을 받다.
1964년 9월 7일(37세)	둘째 딸 정옥이 태어나다.
1965년 3월 21일(38세)	부안군 산림조합으로 전근발령을 받다. 그후 3개월 후에 다시 고창군 산림조합으로 가서 근무하다.
1965년 12월(38세)	배영중학교 농업과 교사 채용광고를 보고 응시해서 12월 17일 정식발령을 받다. 교직생활이 시작되다.
1967년 3월 29일(40세)	셋째 딸 정아가 태어나다.
1968년 7월 18일(41세)	공석 중이었던 배영중학교 서무과장으로 근무하게 되었다.
1971년 9월 3일(44세)	정읍군 정주읍 시기리 200번지에 처음으로 내집마련을 하다. 13년 만에 월세방살이를 끝내다.
1977년 3월 1일(50세)	배영중 종합고등학교 서무과장 겸임을 시작해서 1982년 2월 28일까지 계속하다.
1981년 5월 17일(54세)	장녀가 결혼을 하다.
1982년 1월 8일(55세)	장모님이 79세로 별세하시다.
1988년 1월 20일(61세)	연지주공아파트(19평)를 구입해서 아파트 생활을 시작하다.
1990년 9월 9일(63세)	둘째 딸이 결혼을 하다.
1991년 4월 21일(64세)	장남이 결혼을 하다.
1991년 5월 4일	현대아파트(31평)로 이사를 하다.
1992년 11월 9일	재무부장관 표창장을 받다.
1995년 2월 18일(68세)	배영종합고등학교 서무과장직에서 정년퇴임을 하다. 같은 날, 학교법인 정읍배영학원 이사장 공로패를 받다.
1995년 11월 28일	사학육성 공로상 국화장을 받다.

1996년 6월 30일(69세)	현재 살고 있는 삼화그린아파트(44평)로 이사를 하다.
1997년 7월 12일(70세)	날짜를 조금 당겨서 고희연을 하다.
1998년 2월 18일(71세)	아내가 정읍남초등학교에서 정년퇴임을 하다. 퇴임 후 원불교 상동교당에서 신앙생활을 하면서 한글학교를 설립하여 문맹자에게 한글을 가르치고 봉사하며 여생을 보내고 있다.
1999년 7월 24일(72세)	장남 정길(廷吉)이는 전주고를 졸업하고 서울대 의과대학에 입학하여 졸업하였으며 서울 아산병원에서 암치료방사선과 전문의를 취득한 후 한서대 조교수를 역임하였다. 정읍에서 조정길 의원을 개업하고 운영하기 시작했다.
2000년 6월 25일(73세)	셋째 딸, 결혼하다.